Encara no som humans

Biblioteca Universal, 162

Eudald Carbonell i Robert Sala

Encara no som humans

Propostes d'humanització per al tercer mil·lenni

Editorial Empúries

Barcelona

Primera edició: gener del 2002
Segona edició: març del 2002

Editorial Empúries, s. l.,
Peu de la Creu, 4, 08001 Barcelona
www.empuries.com
correu@grup62.com

Fotocomposició: Víctor Igual, s. l.
Còrsega, 237, baixos, 08036 Barcelona

Imprès a Novagràfik, s. l., Pol. Ind. Foinvasa, Vivaldi, 5,
08110 Montcada i Reixac

Dipòsit legal: B. 13.173-2002
ISBN: 84-7596-874-0

Índex

Pròleg 7
Introducció. Quan vam decidir ser humans 17

PRIMERA PART. *Passat i present. La humanització incompleta*

1. L'hèlix daurada 25
2. Les grans fites del camí 34
3. Comença la humanització! 41
4. Animals, però també humans 48
5. Sexe social 54
6. Pensar en el menjar 64
7. Jerarquia i propietat 68
8. El xat i l'evolució 77
9. Vestir-nos ens fa diferents 84
10. Temps d'expansió territorial 90
11. Selecció natural i selecció tècnica 96

SEGONA PART. *La socialització en la història evolutiva*

1. Espurnes d'humanitat 105
2. Ceràmica per als mites i ceràmica per als atuells 111
3. Socialització de l'agricultura i la ramaderia 118
4. De la religió a la ciència 125
5. La medicina, filla dels déus, es torna contra ells 136
6. La vellesa està de moda 144

TERCERA PART. *Guanyar el futur per la socialització de la tècnica*

1. La ciència: el gran projecte humà 153
2. Ètica passada la frontera 162
3. La darrera resocialització 169
4. Planeta humà 175

Pròleg

Aquests escrits neixen com a desenvolupament i també com a contrapunt i correcció d'alguns dels plantejaments de *Planeta humà* i *Sapiens*. Hi mantenim la discussió de les adquisicions humanes plantejades en termes biològics i evolutius: les tractem com a estratègies que ens permeten una major eficàcia, creixement demogràfic i èxit. Entre totes les adaptacions que ens fan humans allà i aquí proposem la intel·ligència operativa, és a dir, l'aplicació tècnica, com la més destacada i definitòria. En aquest sentit, l'eix central d'*Encara no som humans* és posar de manifest els avenços que ens ha procurat i ens ha de procurar la tècnica en el futur.

Un cop assolit aquest punt es tractarà de demostrar com seguim mantenint una relació d'inseguretat, de suspicàcia i de recel respecte a la tècnica malgrat el benestar que hem aconseguit a través seu. Per a nosaltres, la desconfiança prové, no pas de la tècnica en si, sinó de l'ús poc humà que se'n fa, en benefici d'uns interessos particulars i jeràrquics. Per tant, la proposta que farem serà la d'aconseguir la socialització de la tècnica per utilitzar-la d'una manera racional i humana. Proposem trencar l'organització jeràrquica que no ha permès que tota la població participi en les decisions que s'han pres ni tenir els guanys que, d'altra banda, sí que ha obtingut una part de la societat. Si s'arriba a aquest punt, la nova situació creada podrà ser qualificada d'*humanització plena*.

Ni tan sols des de la mateixa ciència, de vegades, es té noció de les capacitats de la tècnica i la recerca; només això pot explicar que en nombroses publicacions professionals i de divulgació de la dècada dels noranta es posés l'any 2005 com a data per tenir completat el 90% de la seqüenciació del genoma humà. Quan escrivim aquest text ja fa prop d'un any que s'ha aconseguit aquesta fita. El mateix va passar amb la clonació de mamífers i l'any 1997 ja es va produir la famosa Dolly; quan aquesta fita es va aconseguir, només es van tardar uns quants mesos —molt menys dels cinc o deu anys que tothom esperava— a introduir un gen humà modificat en un segon xai clonat. L'acceleració del coneixement i de l'avenç tècnic provoca vertigen, desconcert, desconfiança i temences en bona part de la població.

Hi ha d'haver diverses raons per explicar aquest comportament. Una pot ser que moltes vegades sembla que ni els científics controlen el que tenen entre mans i, per descomptat, una segona és la desconfiança social creada per la mala administració que s'ha fet de les capacitats tècniques durant les últimes dècades. No creiem que ens allunyen gaire de la realitat si considerem, però, que la principal causa del desassossec general és deguda a la falta de comunicació entre el món de la ciència i el teixit social. La societat humana ha estat tradicionalment mancada d'una socialització de la tècnica i de la ciència, mancança que ara es fa més patent perquè l'esmentada socialització és absolutament necessària per superar d'una manera moderna i progressista els reptes del mil·lenni que hem encetat.

La perspectiva històrica que volem proposar ens permetrà, en canvi, observar la situació des d'una nova dimensió. Basant-nos en la recerca portada a terme des de camps com l'antropologia, l'arqueologia, la biologia evolutiva i la paleontologia, ens aproximarem a un coneixement més real del que ha estat el vertader paper de la tècnica en la història. A partir d'aquí, podrem socialitzar aquest coneixement per transmetre als ciutadans una informació correcta, adequada i actual sobre l'evolució.

L'anomenada societat de la informació sol estar, generalment, massa desinformada sobre temes que són determinants per al desenvolupament i la cohesió social. Han passat els temps en què les previsions entorn dels grans reptes humans es feien en moments històrics tan avançats que podien ser titllades de ciència-ficció, un terme modern que es refereix al que clàssicament s'anomenava *visionari*. És el cas de les inquietuds reflectides en les nombroses novel·les de Jules Verne que van preparar la humanitat, amb una perspectiva de cent anys, per als grans avenços del segle xx, com l'arribada a la Lluna. Verne és una figura interessant perquè il·lustra quins són els grans reptes i les grans passions de la nostra espècie. I perquè es va encarregar que tothom hi somiés simultàniament al desenvolupament dels avenços científics i tècnics que havien de conduir a la consecució del somni.

L'any 1968, Stanley Kubrick ens va plantejar preparar-nos per al futur que ens esperava en el llunyà 2001, una data ja llavors mítica. Avui, que ja hi som, veiem aquell film a través del clarobscur de les fites depassades i de les que encara no han arribat. Kubrick dibuixava a la perfecció la comunicació i la transmissió a llarga distància mitjançant el que ara coneixem com a Internet. Començàvem el 2001 pensant que les expectatives de viatges interestel·lars quotidians de Kubrick eren encara lluny, i clourem l'any després d'haver vist com un primer turista arribava a una estació espacial. Així doncs, les fites tècniques no són lluny, però sí que som lluny encara del temps en què tota la població podrà gaudir d'aquests avenços. Kubrick tampoc no devia confiar gaire en la popularització de la tècnica i dels viatges a l'espai, ja que els protagonistes de l'odissea espacial eren únicament militars. El que ens interessa remarcar aquí, però, és com, si bé es tracta d'una revolució, la conquesta de l'espai ha estat un gran canvi no només previst sinó gairebé esperat per la humanitat durant anys. Tots estem preparats per rebre els grans canvis i ens hi podem sentir identificats perquè fa anys que ens adaptem a la idea.

Però al revés del que ha succeït amb la conquesta de l'espai, tothom ha quedat fora de joc amb els descobriments genètics, per la seva rapidíssima expansió i pel trencament successiu de barreres tècniques i científiques i de tabús religiosos i socials que han comportat. Encara no hem complert els cinquanta anys del descobriment de la molècula de l'ADN i ja hem reconstruït el genoma de diverses espècies, entre les quals hi ha la nostra, i tot això passa quan amb prou feines albirem totes les aplicacions de la nova tècnica. Unes aplicacions que s'introdueixen en el més íntim de la nostra realitat, en allò que massa gent encara interpreta com a diví i vedat als humans: el secret de la vida.

El fet és que conèixer el nostre funcionament i introduirnos en els racons de l'organisme és una fita que hem buscat durant molt temps. Els antics ja ho van proposar; Aristòtil en va parlar. Sempre amb la mateixa finalitat: coneixement per guarir. L'exploració del cos humà —que en el seu moment era inconcebible i inadmissible i va conduir Miquel Servet a l'ostracisme— tenia igualment com a objectiu millorar la medicina. La societat del temps de Servet va ser com la nostra: no estava preparada, i, com que aleshores els mecanismes de transmissió i popularització del coneixement eren totalment nuls, la societat va rebutjar, per immoral i antiètica, la dissecció de cossos humans. Servet i els seus col·legues van ser revolucionaris —com ho és ara la biotecnologia—, en primer lloc perquè vam capgirar les expectatives humanes, després perquè van trencar les seguretats i, finalment, perquè van transgredir les normes establertes i pretesament immutables.

Aquest llibre tracta, precisament, de tot el que suara hem esmentat: d'avenç científic, de revolució tècnica, del significat d'aquestes revolucions posades en la perspectiva dels més de dos milions d'anys d'història tècnica. D'algunes en parlarem en detall, per tal de disseccionar l'avenç tècnic humà, i conclourem que aquest és el nostre patrimoni més gran de supervivència, al contrari del que se sol pensar.

I, per damunt de tot, aquest llibre tracta del que encara no hem aconseguit d'una manera adequada: que tota la població tingui accés als resultats de la recerca científica i tècnica, i en gaudeixi. En definitiva, d'allò que ens ha de fer plenament humans i ha d'acabar d'humanitzar el planeta. Explicarem casos de socialització tècnica i científica que també van començar amb situacions de desconfiança envers la tècnica i que van acabar capgirant la vida dels humans. Parlarem d'avenços que tenim tan interioritzats i als quals estem tan acostumats, que ningú no es plantejaria rebutjar-los. I tanmateix, molts van ser, al seu moment, tan subversius com ho són les tecnologies actuals.

RESOCIALITZACIÓ

Proposem aquest viatge en el temps perquè considerem que se'ns fa necessari reflexionar sobre el nostre passat per analitzar-hi el paper històric que la tècnica i la ciència hi han tingut. Un cop feta aquesta reflexió, és possible que veiem clar que el que convé a la nostra societat és allò que podríem anomenar *resocialització* de la humanitat. Un canvi d'aquest caire es fa cada cop més ineludible ja que la tècnica, així com totes les adquisicions de l'ésser humà, ha trencat la dinàmica parsimoniosa del passat i ha provocat una dialèctica implacable on nosaltres governem acceleradament l'espai/temps. Per tant, hem d'aprendre a ser humans abans que no ens atrapi el monstre que nosaltres mateixos hem engreixat.

Acostumats a viure amb perspectives molt curtes de temps, el que aquí proposem és analitzar la realitat donant un gran avantatge a l'anticipació històrica amb el convenciment que una bona anàlisi d'allò que vam fer en el passat ens pot permetre conèixer el que ara som.

Per assolir aquest objectiu, disposem dels estudis antropològics, arqueològics i els propis de l'autoecologia humana. Indubtablement ens subministraran la informació més adequada: una munió de dades per esbrinar el que vam ser. Tot el que tenim és passat i, per tant, és l'única matèria que podem analitzar per tal de construir de nou. Aquesta estratègia ens ha permès desenvolupar els conceptes de selecció tècnica, resocialització i humanització, uns instruments que ara sotmetem a debat social.

Ara més que mai hem de participar en la construcció del nostre futur. La planetització ha començat i, com un riu que surt de mare, s'ha desplegat per tots els continents. A més, les descobertes que s'han fet gràcies a la biotecnologia estan plantejant un món nou en el qual les relacions tècniques ocuparan un lloc encara més essencial en les relacions socials.

La possibilitat d'intervenir sobre nosaltres mateixos i la manipulació, no solament dels vegetals, sinó dels animals —i en aquesta estratègia estem inclosos els humans—, és una realitat de la qual ens hem de fer partícips. Seria un desastre que no participéssim col·lectivament i crítica en la construcció del nostre futur. Per la seguretat del planeta i per la nostra pròpia seguretat, la tècnica —com ja direm més endavant— s'ha de socialitzar. És a dir, s'ha de fer participar tota la població dels avenços de la tècnica. Prèviament, les reflexions que els científics es fan sobre els canvis que seria bo introduir, cal que les facin en veu alta, buscant i mantenint una connexió constant amb la població a fi d'eliminar els elements distorsionadors i demagògics que provenen d'interessos sectorials.

REFLEXIÓ FINAL

La possibilitat de convertir-nos en déus ja és una realitat. La substitució definitiva de la selecció natural per la selecció tècnica pot ser possible en el transcurs del tercer mil·lenni. El procés que progressivament ens allunya de la mare naturalesa —per convertir-la en filla nostra— i que ens condueix a la pèrdua de la seva tutela ens pot fer orfes o creadors, tot depèn dels plantejaments i de la capacitat dels humans per responsabilitzar-nos del nostre destí. Estem lligats a la tecnociència i és inevitable que la nostra realització passi per l'aprofitament de la capacitat d'obtenir energia de l'entorn i de distribuir-la. Ja hem verbalitzat moltes vegades que l'atzar ens va fer homínids i la lògica ens ha de fer humans.

En el darrer capítol d'aquest llibre, quan fem recapitulació, parlem del que significa ser humà. Pot ser que allò que més ens humanitzi sigui participar en un projecte biocultural de definició del que volem ser. Participar-hi tots d'una manera crítica i interconnectada serà una forma nova de relació i d'afrontar els problemes.

A aquells que teniu el llibre a les mans, llegiu el pròleg i no vau participar en els debats que van tenir lloc mentre presentàvem *Planeta humà* i *Sapiens*, us hem de dir que aquesta és la vostra ocasió per fer-ho. Els autors volem «promoure provocadament» una discussió sobre nosaltres mateixos per tal d'intentar intervenir d'una manera més directa i conscient sobre els processos de socialització de la tècnica. Volem afegir-nos a aquells que alerten sobre el fet que a partir d'aquest segle el planeta, la seva ecologia i el nostre futur són, més que mai, a les nostres mans. Però per fer-ho correctament, ens hem d'humanitzar al més aviat possible. En el llibre trobareu el perquè d'aquesta crida. Llegiu i debateu amb atenció; no tenim cap altra eina de canvi i de transformació més eficaç que el coneixement crític aplicat, si és que volem aspirar a una humanitat humana.

HISTÒRIA D'«ENCARA NO SOM HUMANS»

La primera setmana del mes de maig del 2000 vam començar la redacció d'un nou llibre, *Encara no som humans*, conscients que era possible que quan acabéssim d'escriure'l ja n'hauríem de canviar algunes coses. L'any 1998 iniciàvem l'aventura de *Planeta humà* i de *Sapiens: un llarg camí cap a la intel·ligència*. En aquest segon llibre compartíem coneixement i il·lusió amb en Josep Corbella i en Salvador Moyà. Encara no imaginàvem que l'aparició d'aquests llibres de divulgació sobre l'evolució humana ens provocaria una important discussió de la qual resultaria l'inici d'una altra publicació.

En el decurs de la primavera de l'any 2000 vam fer més de cinquanta presentacions públiques arreu de Catalunya i desenes d'intervencions en els mitjans de comunicació escrits i audiovisuals. Tot plegat ens va fer adonar que en la societat hi ha una gran preocupació pel que significa ser humà, pel passat dels humans i també pel seu futur. Aquesta preocupació s'ha manifestat en més d'un miler de preguntes sobre què pensem del gènere *Homo* i sobre cap on va l'*Homo sapiens.* Durant la «gira» de presentacions, als autors ens sobtava el fet que, en finalitzar les intervencions en què exposàvem les nostres conclusions sobre l'ésser humà, s'iniciés un debat que en algunes ocasions era esgotador: el públic assegut preguntava, discutia i donava visions sobre els humans amb un interès que fins aleshores nosaltres no havíem tingut el plaer de copsar.

D'aquestes sessions —en algunes ocasions maratonianes— en sorgí la iniciativa de fer un llibre interactiu, en què féssim participar els membres de la comunitat que estaven interessats en la problemàtica de l'evolució humana mitjançant la lectura i crítica dels esborranys dels capítols que els autors anéssim fent. No hem pogut portar a terme aquesta estratègia i s'ha convertit en una fita que haurem de complir en el futur.

Mentre redactem aquest pròleg, la discussió encara no ha començat, però l'embrió del discurs ha estat possible gràcies a les intervencions de centenars de ciutadans que, des de l'anonimat, ens han expressat les seves inquietuds.

Tenim la impressió que, malgrat el que es diu habitualment, la nostra societat ha madurat, i que fa falta que els grans debats sobre la humanització deixin de ser preocupació d'una minoria científica i que siguin les majories socials les que portin la veu cantant en el procés. El que està passant és massa important per deixar-ho a les mans d'una minoria social i política de primats poc evolucionats.

Cal Txatxo, Planoles, Ripollès
2 d'agost de 2001

Introducció
Quan vam decidir ser humans

Érem a l'alba que anuncia el jorn, quan el teu esperit dins tu dormia en la vall que les flors té per adorn.

DANTE ALIGHIERI,
La Divina Comèdia, «Purgatori», Cant IX

L'any 1945 es produïa un esdeveniment de gran transcendència en l'evolució tècnica de la humanitat. A Los Álamos (Nou Mèxic) el projecte Manhattan havia aconseguit resultats i, sota la direcció del físic Robert Oppenheimer, de la Universitat de Berkeley, es construïa la primera bomba atòmica. Una primera prova exitosa es va fer el 17 de juliol en un punt remot del desert de l'Alamogordo, anomenat Trini Site. Uns quants dies després es llançaven dues bombes sobre les ciutats nipones d'Hiroshima i Nagasaki, que van sembrar la destrucció i la mort. El Japó claudicava, el poder destructiu del nou enginy havia convençut els japonesos de la superioritat de l'enemic, la raó de la força era evident. L'emperador Hiro Hito parlava per ràdio adreçant-se als seus conciutadans i els comunicava la rendició incondicional del país. S'havia realitzat un gest humà en la generació d'una nova eina tècnica que obria moltes perspectives d'aplicació en nombrosos camps, entre els quals hi havia el mèdic. En canvi, el comportament cruel i destructiu dels polítics i els militars que van prendre la decisió de llançar la bomba sobre la població civil va ser un gest propi de primats poc evolucionats.

Aquest episodi representa una de les fites més importants en la història de la humanitat; per primera vegada els homínids disposàvem d'una tecnologia que ens permetia destruir la nostra pròpia espècie i possiblement gran part de la comunitat viva del planeta. Era obvi que havíem aconseguit destruir, però encara no podíem crear. Queda clar que és més fàcil una cosa que l'altra.

Durant els anys seixanta la guerra freda va marcar la història de la humanitat a escala planetària. Després d'aquella Segona Guerra Mundial, que va afectar tot el món i va acabar amb l'hecatombe japonesa, les dues potències, l'URSS i els EUA, van decidir repartir-se les àrees d'influència. A l'octubre del 1962, el govern dels EUA denunciava la instal·lació de míssils amb caps nuclears terra-terra a Cuba. Òbviament els míssils apuntaven cap a la potència imperialista. El funcionament de primats poc evolucionats era posat a la pràctica per enèsima vegada: el control del territori era la base de la imposició d'unes lleis que els humans heretem d'èpoques prèvies a la nostra aparició en la història evolutiva.

La instal·lació a Cuba dels caps nuclears que apuntaven als EUA, després que els americans haguessin fet el mateix amb l'URSS a l'Alemanya Federal, va estar a punt de desencadenar un conflicte d'abast totalment desconegut fins aleshores, ja que mai cap organisme viu del planeta no havia acumulat un poder destructiu semblant. El seu mal ús hauria pogut comportar conseqüències dramàtiques.

Per primera vegada en la història, dues persones, prement un botó, podien acabar amb milions d'anys d'evolució biològica i cultural. En efecte, Khruixtxov, president del Soviet Suprem, i J. F. Kennedy, president dels Estats Units d'Amèrica, disposaven de capacitat operativa per llançar atacs devastadors en tots els continents; trilions de tones de força destructiva estaven preparades per ser utilitzades en qualsevol moment. La protecció dels territoris tal com la practiquen els primats estava preparada, i una resposta etològica d'aquest caire hauria pogut ser definitiva.

Finalment, tot i les tensions, no es va anar més enllà, i, a part del record històric, ens en queda una sàtira punyent i excel·lent en la pel·lícula de S. Kubrick, *Telèfon vermell, volem cap a Moscou*. Sembla que els qui havien de prémer el botó van ser conscients que, si ho feien, la destrucció del planeta era cosa de dies. No volem creure que aquesta fos l'única causa que no es llancessin les bombes. Pensem que aquella va ser la primera vegada que la vida dels homínids va estar totalment a les nostres mans, prescindint de qualsevol déu o forma sobrenatural protectora. La consciència que els humans, per primera vegada en l'evolució, podíem interrompre el nostre propi projecte, de ben segur que va marcar la decisió de no anar més enllà. Ara, quan han passat quaranta anys, ja som capaços d'entendre què va succeir.

És ben cert que si haguéssim utilitzat la tècnica amb l'objectiu de controlar el poder, hauríem actuat de la mateixa manera que actuen els primats, i que tots els animals. A hores d'ara ja no existiríem. Utilitzar la tècnica com a animals és el que hem fet en el decurs de tota la història, quan els instruments han estat la base de l'anihilació de poblacions senceres, primer homínides i després humanes. Això ens permet plantejar un fet fonamental que molta gent no té prou clar. La majoria d'humans pensen que la guerra és un fenomen purament humà, i obliden que aquesta forma dantesca d'actuar té les arrels en un comportament bàsicament animal. L'estudi de l'etologia ens permet saber que els primats no són éssers aliens a les guerres i que en algunes ocasions, quan hi ha una confrontació, poden arribar fins i tot a l'extermini de la banda contrària. Així ho documenta Jane Goodall al seu llibre *Through a window*, on relata una guerra fins a l'extermini entre dues poblacions de ximpanzés originàriament emparentades. Per tant, una vegada aclarit que les guerres no són una estratègia únicament humana, podem retornar a l'anàlisi de la crisi dels míssils.

S'ha fet cèlebre la reflexió d'Einstein en el sentit que, si mai es feia una guerra utilitzant els sofisticats mitjans que permet la fissió nuclear, el següent enfrontament s'hauria de fer a cops de roc. Amb això, el científic ens volia explicar que si no es controlava el potencial atòmic, la destrucció del planeta seria irreversible; tots els avenços que s'havien produït fins aleshores quedarien reduïts a cendra i tardaríem molt de temps a recuperar-nos de la devastació.

Possiblement durant aquells dies de 1962, els dos caps d'estat de les grans potències degueren passar per nombrosos oceans d'incertesa. La connexió pel telèfon roig havia evitat el descens a l'infern. Va ser, doncs, al segle xx, després de dos milions i mig d'anys d'evolució, que els humans poguérem decidir si volíem continuar adquirint propietats que ens humanitzessin o definitivament volíem acabar amb la nostra singularitat.

Probablement, la decisió de l'any 1962 és la prova i el principi d'esperança que demostra que ens estem humanitzant, ja que si només fóssim animals primats per humanitzar, si estiguéssim encara immersos en un procés primitiu d'adquisició de consciència, de ben segur que hauríem utilitzat tot el nostre potencial contra nosaltres mateixos.

Quan els dos governants van decidir no prémer el botó nuclear, van expressar un fet evolutiu transcendental: la humanització estava guanyant la carrera a l'hominització. Per primera vegada, com hem dit, la dependència d'una tutela sobrenatural s'endreçava a les golfes de la història i, a la Terra, un grup de primats en fase d'humanització posava la primera pedra de la nova racionalitat social.

Ara, des de la perspectiva que ens dóna la història i a les portes del treball sobre el genoma humà, estem a punt de travessar la línia de les construccions ètiques elaborades quan encara el nostre comportament no podia modificar allò que és essencial. Ara ens emmirallem a l'espill de l'evolució i de les nostres capacitats; no hi ha tornada enrere: ens humanitzem i, per tant, el coneixement dels nostres gens ha de ser utilitzat per al nostre benefici. Si no, serà el final.

L'ús humà de la ciència i de la tècnica, però, no passa per la decisió de dos governants. En el cas del genoma, el mateix gest de Kennedy i Khruixtxov es pot trobar en la conferència de premsa de Clinton i Blair d'enguany en la qual es van presentar els avenços en la recerca científica i es va assegurar l'ús social del coneixement. No n'hi ha prou amb això. No podem canviar la tutela divina per la dels governants. Hem d'anar més enllà i començar una tasca de veritable socialització de tots els punts de la investigació i de les decisions a prendre relacionades amb aquesta.

En aquest camp encara ens trobem en el punt de la prehumanització. No només per la manca de veritable socialització, sinó pel tancament absolut d'alguns governs i societats a debatre i acceptar la recerca d'aplicacions de l'enginyeria genètica. Amb les prohibicions europees d'utilitzar material humà en la recerca s'afavoreix que aquesta investigació es faci fora, en paradisos científics en què la legislació ho permeti. D'aquesta manera l'únic que s'aconsegueix és que les empreses i els capitals s'instal·lin lluny de nosaltres. I en el futur els en comprarem els productes; això sí, un cop s'hagi demostrat amb fets que la nova tecnologia no és necessàriament contraproduent i perillosa. Aleshores pagarem, monetàriament, la incapacitat de socialització, presentació, discussió i convenciment ciutadans respecte a la investigació. La d'Europa és una política conservadora i pusil·lànime que ens sotmet al dictat d'altri.

Hi ha països, com els Estats Units d'Amèrica, on s'arriba a un nivell tan alt d'hipocresia que es prohibeix fer aquesta recerca amb fons públics, però, en canvi, es permet fer-la sempre que sigui amb finançament privat. De fet, darrere d'aquesta política hi ha una voluntat de no ferir els interessos empresarials. I, qui sap si, en les decisions preses a Europa, també s'hi amaguen aquests interessos. Tot assenyala que la humanització és feble, que encara es troba a les beceroles i que no va més enllà d'alguns gestos que no condueixen cap a una socialització real. Malgrat això, nosaltres estem convençuts que, a la llarga, farem un ús humà de les nostres capacitats i que en un futur es desenvoluparà la socialització necessària de totes aquestes tècniques tan vitals.

PRIMERA PART

Passat i present. La humanitazació incompleta

1. L'hèlix daurada

El vertader principi de les coses són els fets, i si els fets en si mateixos fossin coneguts amb suficient claredat, no hi hauria necessitat de remuntar-se a les causes.

ARISTÒTIL, *Moral a Nicòmac*

L'any 1953, Watson i Crick sorprenien la comunitat científica amb la descoberta de l'estructura de l'ADN: l'«hèlix daurada», que és com la van anomenar, està formada per sucres i fosfats i serveix d'ancoratge a les bases nitrogenades: l'adenina, la timina, la guanina i la citosina. La combinació de les bases forma l'abecedari de la vida. Suposem que a hores d'ara tots els lectors ja deuen saber alguna cosa del projecte Genoma humà i de les seves implicacions. Els mitjans de comunicació se n'han fet molt ressò. També suposem que els lectors en deuen saber el motiu.

Efectivament, per primera vegada podrem conèixer les claus que guien l'evolució biològica del nostre cos. Tant el projecte públic del National Human Genome Research Institute com el privat de Celera Genomics, liderats, respectivament, per Francis Collins i Craig Venter, ja han seqüenciat tota l'estructura genòmica i ja en coneixem l'arquitectura. En un futur no gaire llunyà, el fet de tenir aquestes claus ens permetrà modificar-ne la informació mitjançant la manipulació controlada.

En el decurs de més de 2,5 milions d'anys d'hominització, ens hem limitat a la producció extrasomàtica d'elements. Això fins que, al segle XX, vam aconseguir modificar les estructures de l'ADN. Els canvis realment substancials, ara, ja no són gaire lluny. Els humans hem de ser conscients que, per primera vegada, depassarem la frontera, l'autèntica frontera, de la nostra responsabilitat com a consciència del planeta. Ens referim a la nostra capacitat d'autotransformació que suposa, indubtablement, un repte a les lleis de la natura, les mateixes que ens han produït a nosaltres.

Per poder maldar en aquesta direcció hem d'arraconar la por ancestral que sentim per tot el que desconeixem. Els humans hem d'anar oblidant la tutela sobrenatural que nosaltres mateixos ens hem inventat i plantejar-nos el fet de ser adults. Adults en responsabilitat i en llibertat de moviments com a espècie. Aquesta edat adulta només es podrà aconseguir per la socialització del coneixement. La capacitat d'experimentar per aconseguir millores en l'adaptació dels humans és un deure, és una obligació pròpia d'una espècie que ja fa molt temps que utilitza la intel·ligència operativa per superar la selecció natural. El posicionament de la recerca científica en el centre del funcionament social dels humans ha de ser la clau de volta per aconseguir d'una manera racional i mantenir amb eficàcia i sostenibilitat una nova estratègia. La societat completa ha de participar en l'organització i en els fruits de la ciència. No es pot mantenir l'estructura jeràrquica dominada per l'aristocràcia del coneixement que allunya els ciutadans de les novetats i de les decisions. Transformar aquest funcionament és bàsic perquè la revolució de la biotecnologia no ens agafi a tots desprevinguts i en fora de joc, sense veu ni vot.

En l'evolució del nostre gènere hem desenvolupat d'una manera potent la capacitat tècnica de transformació del món. Aquesta adaptació ens ha permès de sobreviure més anys del que és natural. Ja els neandertals van aconseguir que alguns individus superessin de molt l'edat natural de mort, mantenint-los i ajudant-los socialment, però sobretot, per la capacitat de crear instruments o superar malalties. D'això se n'ha de dir selecció tècnica: anul·lem la selecció natural i creem una estratègia nova. Més endavant, a l'inici de l'holocè, fa deu mil anys, vam aconseguir de reproduir el sistema de la vida al nostre gust: amb la germinació de plantes i la reproducció d'animals. En aquests darrers deu mil anys hem creat espècies noves, hem fet evolucionar les formes vives arcaiques segons els nostres interessos. Això, essencialment, és selecció tècnica. És clar que en l'àmbit de la generació d'aliments té la seva bondat clara. Allò de què ja no estem tan segurs és que l'exemple que posàvem dels neandertals sigui igualment just.

Sens dubte la selecció tècnica ha arribat a una bifurcació important. No només ens ha servit per adaptar-nos al món amb una major efectivitat, sinó que ara ens pot oferir, mitjançant la modificació genètica, una sèrie d'avantatges que esdevindran un salt qualitatiu en la nostra implantació planetària i galàctica.

La investigació en el camp de la genètica ha aconseguit grans èxits. L'any 1999 se seqüenciava per primera vegada el genoma d'un ésser viu, la *Caenorhabditis elegans.* L'any 2000 vam tenir la seqüència de la *Drosophila melanogaster* o mosca del vinagre i, pel mètode de l'escopeta, des de l'abril del mateix any coneixem la taxonomia del genoma humà, però no el seu ordre. Al mes de juliol, ja en vam conèixer també l'ordre.

La *Caenorhabditis elegans* ha estat el primer ésser pluricel·lular l'estructura vital del qual hem aconseguit conèixer. L'any 1999 va ser, sense cap mena de dubte, un any històric que quedarà en el record de tots. Vam vaticinar que, si no hi havia res de nou, aquest seria el primer ésser seqüenciat, i així ha estat. Amb el temps, la *Caenorhabditis elegans* s'ha convertit en el cuc més famós del món.

És interessant d'observar com han arribat a ser de grans la preocupació i la tensió socials en el moment que el projecte del genoma ha començat a treballar sobre l'espècie *Homo sa-*

piens. Tants anys investigant sobre la *Drosophila melanogaster*, la mosca del vinagre, i aparentment mai ningú no s'hi havia amoïnat. Les coses són així; una vegada més la nostra espècie és especial, i ara es tracta d'experimentar amb la nostra vida. Això ens preocupa molt. Per contra, quan es tracta d'experimentar amb els altres éssers vius, no hi tenim tantes consideracions.

Un altre tema que hi ha sobre la taula és el de la clonació, des que l'ovella Dolly es va convertir en estrella dels mitjans de comunicació. El dret dels humans a modificar les lleis de la natura torna a ser motiu de vius debats i discussions. Els avantatges de la clonació són nombrosos. En primer lloc, podrem experimentar amb éssers vius que són genèticament idèntics: això farà que s'augmenti la velocitat experimental i evitarem el sofriment a grans quantitats d'animals. No oblidem que els xenotrasplantaments amb animals clonats ens poden permetre recanviar els òrgans que tenim malalts. A més dels trasplantaments, la indústria biotecnològica ja funciona en un altre sentit: el de produir animals que generin productes beneficiosos per guarir malalties humanes, com ara cabres que sintetitzen i produeixen en quantitats industrials fàrmacs per a determinades malures. D'aquesta indústria se'n diu *farmaderia* i ja és una realitat. Una realitat que, en el moment que es socialitzi, ha de produir un gran avenç a tota la humanitat. De la indústria farmacèutica química es passa a la biològica, amb productes biològics i, per tant, no tòxics per als sistemes vius. Almenys no ho han de ser més que qualsevol cabra domèstica o planta creada per l'agricultura.

Arribarà, n'estem segurs, el moment de clonar éssers humans, i no haurem de patir perquè es facin éssers idèntics. Els homínids clonats genèticament s'adaptaran a la societat humana d'una forma diferencial, de manera que la intel·ligència operativa de la qual disposarà cada individu no serà mai idèntica. Els homínids humans modifiquem la nostra conducta per mitjà de l'aprenentatge i, com a conseqüència, som capaços de ser diferents malgrat que la nostra estructura biològica genètica sigui idèntica. A més, convé recordar que la intel·ligència operativa ens ha fet molt especials i la nostra forma d'adaptació, la biocultural, pot continuar creant diversitat com a guany per a l'ésser humà.

Aleshores, ¿de què serveix la clonació? Biològicament, la clonació permetrà tractaments biomèdics universalment eficaços un cop l'aplicació d'aquesta faci que el genoma humà estigui més homogeneïtzat del que ho està ara. Malgrat això, la diversitat cultural i conductual es mantindrà, perquè éssers biològicament idèntics resultaran diferents pel seu comportament.

Anem veient com la nova ètica ha de ser la de passar la frontera de les tuteles divines, la que Eugenio Trías defineix en el seu llibre *Ética y condición humana*. Aquesta nova ètica només la podem posar en marxa a partir del moment que deixem de banda tot allò que és genuïnament animal. La socialització de la tècnica i la integració cultural de la diversitat poden ser els mecanismes més adequats per a aquesta estratègia. La nova frontera serà la que assenyali el comportament racional d'una manera crítica, una humanitat carregada de potencial constructiu en repte constant amb les lleis heretades de la nostra forma de ser.

La socialització de tota aquesta recerca científica, la correcta transmissió i discussió pública sistemàtica són les eines necessàries per no repetir l'experiència dels neandertals que van començar a ser déus quan van ser capaços de mantenir en vida persones que haurien desaparegut a causa de l'artrosi o la manca de dentició molts anys abans del que ho van fer en realitat. Aquest experiment de la humanitat arcaica també degué comportar la seva discussió pel que representava de violació de les lleis naturals. ¿Què en podem dir, a més, del cas de l'agricultura i la ramaderia, de la transgressió de les lleis naturals (i divines) que això devia suposar per a les poblacions humanes de diferents punts del planeta ara fa gairebé deu mil anys? En fa tants, d'anys, que nosaltres no en tenim memòria i ens sembla que la nostra és l'única revolució contra les lleis de la natura. Anem molt errats. Els humans, en la nostra cursa per humanitzar el planeta, hem provocat revolucions «antinaturals» des que vam aparèixer.

Ens podem imaginar la reacció de la població humana quan, per primera vegada, un grup aconseguí, després de molts intents, domesticar el foc i fer-lo servir. De primer es va fer servir d'una manera jeràrquica i inhumana, competitiva, per sobreviure millor que altres grups o poblacions. Amb el temps, es va socialitzar, i la població mundial va poder créixer a un nivell superior a com ho havia fet fins llavors. ¿Quines devien ser les crítiques mítiques i conservadores? De fet, han quedat en els refranys populars que conviden a no jugar amb foc. Es tractava de reproduir un fenomen natural d'una manera nova i profitosa per als humans. La mitologia clàssica ja assenyala que la revolució de la pirotecnologia tenia quelcom d'antinatural i antidiví pel poder de transformació i de control que des d'aleshores vam tenir els humans. De fet, l'heroi que ens va donar el foc als humans, Prometeu, encara deu estar purgant el seu error als Urals, on les àligues se li mengen contínuament el fetge, el qual es regenera (sense xenotrasplantament, això sí!) d'una manera eterna. En el seu treball de 1998, *El siglo de la biotecnología*, Jeremy Rifkin compara directament el que va suposar la pirotecnologia per als humans amb el que ha de ser la biotecnologia.

També ens és molt senzill fer una mica d'història-ficció i rememorar unes possibles tensions socials entre les darreres societats de caçadors-recol·lectors. Podem pensar en les problemàtiques que se'ls van plantejar amb la possibilitat d'adoptar les noves estratègies sorgides de descobriments aleshores molt innovadors: la ramaderia i l'agricultura. Una carn tancada que no es mou no podia ser tan bona com una de lliure i salvatge. S'obliga els animals a aparellar-se i se'ls modifiquen els cicles vitals. Se'ls encreua d'una manera antinatural i artificial per donar peu a espècies híbrides i estèrils, com les mules. L'animal que surt de totes aquestes pràctiques, ¿és idèntic als progenitors? Evidentment no. Fa deu mil anys ja vam començar a crear «monstres» com la Dolly i la Polly, els dos xais recentment clonats, el segon dels quals duu un gen humà modificat. El cas és que des d'aleshores n'hem anat fabricant milions.

Estem en un moment crucial de l'evolució i de la història humanes. Un moment en què albirem unes eines que, com el foc o la ramaderia, ens donen poders divins de crear noves formes, no únicament inanimades, sinó vives. El foc aplicat ens permet de fabricar instruments de materials nous, com la terrissa i el metall. En l'actualitat, la tècnica anomenada ADN recombinant permet unir l'ADN de dues espècies que no es poden unir d'una manera natural. Així, si se solda un fragment de cadena d'ADN d'una espècie amb el d'una altra, es pot aconseguir que un bacteri reprodueixi infinitament el nou ADN fruit de la recombinació. Evidentment, el resultat no és natural, però tampoc no ho és una mula. La diferència és que ara ens hem introduït en la intimitat de la química orgànica, anem a la causa en lloc de treballar amb ents.

De rebuig a l'activitat científica, n'hi ha hagut en molts moments de la història humana. Generalment han estat formes de poder reaccionàries les que han impedit la generalització d'aplicacions i millores importants per a la vida humana. La medicina ha trigat a desenvolupar-se plenament a causa, entre altres, de la prohibició d'investigar amb cossos humans, una tècnica que ha permès de conèixer el funcionament detallat de la nostra fisiologia i ha obert la porta al guariment científic i efectiu. Recentment s'ha desenvolupat una tècnica que ha revolucionat el comportament i la vida íntima de les parelles en permetre'ls reproduir-se d'una manera tècnica mitjançant la fertilització extrauterina. A finals dels anys setanta va suposar una enorme polèmica social. Passats més de vint anys, la major part de la població entén i comparteix la bondat bàsica de la nova tècnica, malgrat que, clarament, modifica i *perverteix* el sistema natural. De totes maneres, la perversió més punyent es troba en un punt en què generalment ningú no es fixa: en la reproducció normal d'individus que tenen, moltes vegades, una informació genètica mal reproduïda, cosa que comporta un mal funcionament que la selecció natural s'hauria encarregat d'eliminar si li ho permetéssim. La cesària també implica un fenomen similar. Una dona de pelvis estreta que no pariria d'una manera natural i que, per tant, seria eliminada per la selecció natural (tant ella com la informació genètica que comporta la pelvis petita) resulta que actualment pot sobreviure i donar a llum mitjançant una tècnica que fa perviure un genoma clarament perniciós. Discutirem aquest tema més endavant.

Podríem portar els exemples molt més enllà. Però tots van a parar al mateix lloc, a la mateixa conclusió. Per ser conseqüents amb la nostra realitat planetària hem de comportar-nos com a humans i no com a esclaus de velles ideologies basades en la incapacitat de conèixer qui som. En desvetllar els secrets de la nostra existència obrim la caixa de Pandora, però esperem obrir-la des d'una humanitat que ha deixat de ser animal en el sentit de les seves passions i desitjos, des de l'eliminació de les jerarquies animals, dels espais closos, de les desigualtats. Els humans del futur, homínids del passat, han de comportar-se d'una altra manera. Si no ho fan així, ja hem dit que seria possible la nostra extinció, tal com ha estat possible la de totes les espècies precedents i ja extingides. La tècnica i la seva socialització són els nostres recursos. Cal que els fem servir adequadament.

2. Les grans fites del camí

D'aquelles revistes i llibres, en vaig treure la meva fantasmagoria més íntima: l'optimisme.

JEAN-PAUL SARTRE, *Els mots*

Al llibre *Planeta humà* introduíem la problemàtica del procés biocultural en l'evolució humana expressant que la biologia i la cultura són les manifestacions bàsiques que expliquen la humanitat. Ambdues formen part del procés d'evolució: l'organització social humana i la capacitat tècnica són formes adaptatives sotmeses a les lleis evolutives. En la dialèctica hominització-humanització considerem l'evolució com un camí en el qual les contínues adquisicions dels humans ens han permès arribar a ser el que som en l'actualitat.

Entendre l'evolució humana com un procés d'adquisicions no és cap novetat. L'omnipresent Charles Darwin ja ho havia concebut d'aquesta manera en el seu llibre *L'origen de les espècies*, aparegut a mitjan segle XIX. Des d'aleshores, molts altres autors han aplicat la teoria de l'evolució a la realitat humana. Nosaltres presentàvem a *Planeta humà* el procés pel qual s'han anat acumulant les adaptacions o adquisicions. El terme *adquisició* és molt adient i té un gran valor explicatiu per la seva versatilitat com a concepte en el marc d'una història evolucionista, per explicar el procés d'introducció de noves millores adaptatives, sotmès als canvis ecològics i biològics, i també històrics.

Ens cal, doncs, entendre el gènere *Homo* com una estratègia adaptativa de l'ordre dels primats que, en el transcurs del temps i a través de diferents espècies, ha desenvolupat una anatomia especialitzada i ha adoptat, al mateix temps, la selecció tècnica com a mecanisme d'adquisició de complexitat.

El gènere *Homo* és una estratègia, i l'espècie *Homo sapiens*, l'última a aparèixer en la línia temporal, acumula totes les adquisicions de les espècies anteriors, tant les fisiològiques com les de comportament, i dins de l'espècie, les poblacions modernes tenen aquesta mateixa posició respecte de les passades. En el futur, l'evolució pot resultar en una nova espècie que acumuli noves adaptacions a les que ja presentem nosaltres.

Les mutacions genètiques, la selecció natural i la selecció tècnica constitueixen la tríada que ha permès l'emergència del nostre gènere. Per entendre l'estadi d'organització actual de la humanitat, ens cal seqüenciar totes les adquisicions donant-los un ordre cronològic per tal de saber quina ha estat la importància de cadascuna en el procés i quines han pogut conduir a les altres.

En aquest punt hem de dir que, si els homínids bosquetans de fa quatre milions d'anys, com l'*Ardipithecus ramidus*, l'*Australopithecus afarensis* i l'*Australopithecus anamensis*, i encara abans el recentment descobert *Orrorin tugenensis*, de fa sis milions d'anys, no haguessin desenvolupat el bipedisme, possiblement la crisi climàtica que va afectar la reducció de les zones selvàtiques i boscoses d'ara fa 2,4 milions d'anys (que tan bé han plantejat els nostres col·legues De Menocal i Hasaerts) no hauria estat en si mateixa causa suficient per desencadenar un procés com el que ens ha portat a la producció d'eines. Probablement sense aquesta adquisició física ara no ens podríem plantejar el fet de ser humans, ja que és prou clar que el comportament extrasomàtic, o sigui la producció d'eines d'alguns primats, no s'hauria pogut desenvolupar sense la prèvia posició bípeda.

Som, doncs, a l'inici de la problemàtica bàsica per entendre el fet de l'hominització i la consegüent humanització. La posició erecta és una adaptació característica que la selecció natural va generar com a fórmula perquè alguns primats fossin més versàtils. Amb aquesta biomecànica van poder moure's tant per les capçades dels arbres com pel sòl dels boscos amb una locomoció prou bona. Aquesta adquisició els va permetre generalitzar l'explotació d'altres nínxols fins aleshores fora del seu abast. Sens dubte el fet de ser més generalistes proporciona avantatges adaptatius.

Amb les extremitats superiors alliberades permanentment, el transport i la defensa contra els atacs en àrees obertes esdevenen més fàcils i molt útils. Podem creure que les extremitats superiors van ser l'eina biològica imprescindible per defensar-se de les agressions externes; també, molt probablement, sense aquesta adaptació no hauríem tingut l'èxit adaptatiu que hem assolit ni seríem al capdamunt de la piràmide tròfica. Podem imaginar que la utilització de bastons i branques va ser un fet més quotidià. L'ús de bastons i pedres actua com un perllongament de les extremitats i d'aquesta manera augmenta l'eficàcia en la defensa. Aquests primats, socials per naturalesa, van desenvolupar a la vegada el treball en equip: d'aquesta manera la utilització d'objectes i el treball col·lectiu van permetre una adaptació òptima a les noves condicions.

Aquest és un estadi de pretecnologia en què els nostres avantpassats homínids (ardipitecs i australopitecs) van fer habitual i diari l'ús d'objectes naturals o molt poc transformats per aconseguir noves menges i per protegir-se, com passa entre els ximpanzés en una estratègia encara molt més bàsica i primitiva que la que degueren practicar els homínids més arcaics. Els ximpanzés, que no tenen les mans alliberades, utilitzen objectes sense transformar i d'una manera no quotidiana. El bipedisme i l'aventura cada cop més freqüent en ambients oberts van, de ben segur, proporcionar més èxit a l'adquisició d'aquella pretecnologia. És factible de plantejar que els primers australopitecs, que encara no vivien clarament a la plana oberta sinó en ambients mixtos de sabana arbrada i bosc, tenien un comportament similar al que ara podem observar entre els simis antropomorfs. La conquesta progressiva de nous entorns i la necessitat d'adquirir nutrients més diversificats van poder actuar com a mecanismes de selecció natural que feren sobreviure justament aquells que començaven a desenvolupar una pretecnologia enfront dels que es mantenien en comportaments ancestrals. La forta crisi d'ara fa 2,5 milions d'anys va accelerar encara més la selecció en favor del que aleshores ja era clarament tecnologia.

Fa, doncs, 2,4 milions d'anys —i no ens cansarem de repetir-ho!— alguns primats van començar a trencar pedres per fabricar instruments que feien servir per tallar i matxucar ossos. D'aquesta manera els homínids del pliocè africà podien tallar la carcassa de pell i greix dels animals i accedir a la seva biomassa, així com al moll dels ossos i obtenir proteïnes d'alta qualitat, sobretot per als nadons i els infants. Va ser, sens dubte, un gran avenç, una adquisició fonamental per al desenvolupament del nostre gènere.

El creixement del cervell va representar, com és lògic, un procés d'adaptació potentíssim. És una adquisició deutora del que acabem de situar: la ingesta de proteïnes animals. La major introducció de carn en la dieta és necessària per permetre'ns el luxe de tenir un òrgan tan costós, tan car de mantenir com és el cervell, que consumeix la major part de l'energia que ingerim.

En aquest punt, tanmateix, ens trobem amb un dels moments més complexos en l'evolució humana i que ens il·lustren com és de complicat mantenir una forma molt mecànica d'explicar el procés d'hominització. En el mateix moment que es produeix el primer creixement del cervell tenim l'origen de la tecnologia de la pedra. ¿Què va ser primer? ¿La tècnica o el cervell? És clar per a tots nosaltres que un cervell més potent millora la capacitat de produir instruments i de fer-los progressivament més complexos. Però també sabem que la fabricació d'instruments millora la capacitat d'aquell cervell, dotant-lo d'una experiència de manipulació quotidiana. Hem assenyalat, igualment, que la fabricació d'instruments que permetien aconseguir més proteïnes és un fet necessari per al manteniment del cervell gran. Tot plegat ens planteja que l'evolució no és mecànica, com si d'una adaptació en sortissin les altres, sinó que es complica, les adaptacions interactuen mútuament: coevolucionen. És a dir, progressen plegades. En aquell moment ja eren tres les adquisicions que ens permeten explicar el substrat humà de l'evolució i que ens diferenciaven de la resta dels primats: bipedisme, cervell gran i producció d'eines.

Caldran, però, altres descobertes per ampliar el nombre de trets encara més diferenciadors que els que hem esmentat. Potser la descoberta i la domesticació del foc són el més significatiu ja que, efectivament, tal com explicarem en un dels capítols d'aquesta obra, el foc representa un nòdul fonamental de resocialització sense el qual seria molt difícil comprendre la nostra espècie, *Homo sapiens*.

El foc és, per tant, una adquisició de coneixement bàsica per entendre la humanització. Com hem dit suara, els homínids, socials per pròpia naturalesa, troben en el foc una forma de resocialització; l'adquisició té uns cinc-cents mil anys d'antiguitat i el seu ús se socialitza ara fa uns dos-cents mil anys, la qual cosa permet introduir noves pautes de comportament. El fogar fa que s'allargui el dia, reuneix els membres de la tribu al voltant de la seva llum i de la seva escalfor i allà s'intercanvia la informació, es va augmentant la comunicació entre els individus del grup i, finalment, es va perfeccionant el llenguatge articulat, una altra de les grans adquisicions que ens fan humans. És possible que les primeres idees sobre la vida i la mort i el seu significat també generin, al mateix moment i com a conseqüència, la creació artística. La socialització del foc, el llenguatge articulat, el simbolisme ideològic i plàstic, i el pensament miticoreligiós fan la seva aparició plegats a partir d'aquest moment, fa entre dos-cents i tres-cents mil anys en un altre procés d'evolució complexa i múltiple. Les noves adquisicions evidencien més la singularitat del nostre gènere humà dins del grup dels primats i tendeixen a la humanització del planeta.

Totes aquestes adquisicions ens han disparat cap a una nova forma d'adaptació a través de la tècnica i de la comunicació. Nosaltres, *Homo sapiens*, som els hereus de tots aquests processos d'adquisició sense els quals no hauria estat possible ni la descoberta de l'agricultura, ni la dels metalls, ni la de l'escriptura, ni la de la roda... Tributaris del procés d'humanització, hem de ser capaços de controlar el que vol dir ser humans i saber, amb la seguretat que ens permet el coneixement, si ho som o no i què és el que això vol dir.

Aquesta reflexió, feta amb elements empírics diacrònics i fonamentada en els principis evolucionistes, ens ha de servir, no pas per sostenir cap principi dogmàtic, sinó per ser capaços de fer una crítica constructiva sobre la nostra humanitat. Amb aquesta perspectiva, podrem treballar amb profunditat per conèixer què és el que ens convé més amb vista al futur, despullant-nos de tots aquells comportaments naturals heretats dels primats que, com a característics dels primats, també són prehumans. Amb aquestes premisses ens podem convertir en «tecnoéssers».

L'altra alternativa és abandonar la tècnica i fer una regressió cap al passat. Des de la nostra perspectiva, cal que la pròxima gran fita en el camí sigui la socialització de la tècnica per aconseguir un comportament que ens allunyi de l'herència etològica dels primats. N'hem après molt, d'aquesta herència, però ara ja no ens serveix: és el temps de superar, en primer lloc, la selecció natural escapant-nos dels seus dictats i sobrevivint quan no seria possible fer-ho. En segon lloc, també és necessari escapar-nos d'una de les nostres creacions: la selecció tècnica. La va generar el nostre comportament competitiu etològic, que va beneficiar un ús de la tècnica diferenciador i poc humà, creador de desigualtats. Ara s'ha de superar per aconseguir la humanització.

3. Comença la humanització!

Els homes van fent la pròpia història, sigui quin sigui el caire d'aquesta, perseguint cada un d'ells les seves finalitats pròpies, conscientment volgudes; i és justament el conjunt de resultants d'aquestes nombroses voluntats que actuen en diferents direccions i de llurs repercussions variades sobre el món exterior, el que constitueix la història.

FRIEDRICH ENGELS, *Ludwig Feuerbach i la fi de la filosofia clàssica alemanya*

Tant els antropòlegs com els arqueòlegs solem discutir sovint sobre el nostre origen, cosa que, òbviament, no ens ha de ser gens estranya: és la nostra professió. Normalment ho fem amb rigorositat. Però, sense adonar-nos-en, hi apareix l'apassionament, que sorgeix d'una manera incontrolada. És lògic, ja que parlem de nosaltres, parlem dels humans. Sempre ens interroguem sobre el moment en què arrenca el procés d'humanització i en allò que el pot caracteritzar. Cal cridar l'atenció sobre aquest fet, ja que hi ha molta gent que pensa que els científics estem tocats per una vareta màgica que ens allunya de la resta d'humans. Els estranya quan ens veuen barallar-nos per veure quina descoberta és la més antiga o bé qui és el que té el jaciment més important. No se n'haurien d'estranyar: tots els humans en procés d'humanització som iguals o molt semblants. Científics i no científics, tenim les nostres afeccions i ens comportem moltes vegades com primats. Ara bé, això no vol dir que la feina no es faci amb seriositat.

Per als qui ens dediquem a l'estudi de la tecnologia humana, o sigui a l'estudi del desenvolupament de les eines al llarg de la història dels humans, és clar que el procés d'humanització comença quan un grup de primats utilitzen les seves extremitats per produir objectes de diferents morfologies amb una eina. Així ho hem volgut mostrar en el capítol anterior, en què, resumint el contingut de *Planeta humà*, desgranàvem les fites del camí, les adquisicions que ens humanitzen. Entre totes, hi hem volgut destacar la intel·ligència operativa.

Vam començar, doncs, la carrera per fer-nos humans en iniciar la producció extrasomàtica, fent eines amb eines extracorporals i utilitzant-les quotidianament. Crèiem, doncs, que tècnica i procés d'humanització estan indissolublement lligats perquè és la intel·ligència operativa la que ens fa humans. Ja hem dit en moltes ocasions que fa dos milions i mig d'anys, uns primats van iniciar la codificació de la informació fora del seu cos. A través de la percussió, modificant el suport, van deixar un missatge imprès per a la posteritat. En aquest imprecís moment del pliocè, a l'ADN li va sortir un gran competidor, i d'aleshores ençà la informació biològica ha format duet amb la cultural. Dos codis complementaris que ens han permès fer-nos tal com som.

Per tant, alguns científics assumim plenament que aquest fet complementari —ens referim al codi biològic i també al codi tècnic— és l'essència del que més tard serà el procés d'humanització que s'encavalca damunt el procés d'hominització.

L'ordre en l'adquisició de complexitat de la humanitat comença amb una sèrie d'adaptacions biològiques i fisiològiques que afecten la nostra biomecànica i, per tant, l'anatomia. Sens dubte, el bipedisme n'és una de fonamental perquè allibera les extremitats superiors de les seves servituds de braquiació, com ja hem explicat anteriorment. No cal dir que la posició erecta i l'escurçament dels braços, lligats al creixement del cervell, constituiran una estratègia de la selecció natural per preservar alguns gèneres d'homínids. Així doncs, la primera de les adquisicions que ens permeten encetar el camí cap a la intel·ligència és d'origen biològic, es tracta del bipedisme.

La relació entre el cervell i la tècnica sembla evident: la manca d'un cervell gros, és a dir, de més de 600 centímetres cúbics, sembla que impedeix fer eines. No s'han pogut trobar testimonis de tècnica associats a primats que tinguin menys de 500 centímetres cúbics de cervell.

S'ha plantejat que els canvis ecològics van afectar profundament i van determinar el comportament social de certs primats, i que van fer possible, d'aquesta manera, l'emergència de la tècnica. Probablement la competitivitat deguda a la pèrdua de determinats sistemes ecològics va accelerar la lluita intraespecífica i extraespecífica, fent per manera que alguns individus comencessin a utilitzar elements extrasomàtics, bé per defensar-se, bé per ser més competitius en la recerca d'aliment. D'aquesta manera, la selecció natural devia anar actuant sobre els gèneres menys competitius, i per tant menys adaptats, fent que les poblacions de primats que no desenvolupaven un comportament tècnic anessin desapareixent fins que, fa aproximadament un milió d'anys, a l'Àfrica només va quedar el gènere *Homo*, estès ja, aleshores, també per Euràsia.

Hem de pensar en un clar comportament tècnic en l'inici del procés cultural que ens ha anat portant a la humanitat actual. En la mesura que la tècnica es desenvolupa entre les comunitats de certs primats homínids, la pressió que aquestes exerceixen sobre els altres col·lectius creix i augmenta també la pressió sobre les poblacions de les comunitats animals en general. La tècnica s'imposarà com a factor determinant de la nostra capacitat de supervivència i de control de la xarxa tròfica.

És possible que el consum de carn entre primats homínids augmentés a causa de la capacitat operativa dels qui coneixien la confecció i l'ús d'artefactes. Les descobertes fetes a Etiòpia per Tim White sembla que així ho indiquen. *Australopihecus garhi*, amb una antiguitat de dos milions i mig d'anys a Etiòpia, va ser una espècie nova d'aquest gènere i, segons sembla, utilitzava materials de pedra per tal d'obtenir biomassa animal. Les traces deixades en uns ossos llargs de gaseles semblen evidències d'aquest comportament, tot i que no és gaire clar.

El consum d'aliment d'alt contingut proteínic va fer que els homínids amb aquesta dieta esdevinguessin progressivament més aptes. Els grups constituïts per aquests espècimens, de dieta omnívora i generalista, devien esdevenir grups més dinàmics i complexos. Encara més: una prestigiosa antropòloga americana, Leslie Aiello, pensa que el consum de carn permet una ampliació més ràpida del cervell i que els budells s'escurcin perquè la digestió d'aliment carni és més ràpida, requereix menys energia i una dimensió menor dels budells. El cervell pot, a partir d'aquí, prendre tot l'aliment i l'energia que d'altres espècies inverteixen en la digestió. Com a resultat de l'ús sistemàtic d'instruments i del consum de carn, és possible que el cervell comenci a créixer d'una manera espectacular.

El desenvolupament i la creixent complexitat del cervell en el període de temps a cavall del pliocè i del plistocè, ara fa 1,8 milions d'anys, sembla que només progressen en el gènere *Homo*. Ni *Australopithecus* ni *Paranthropus*, gèneres emparentats amb nosaltres, membres de la mateixa família homínida, no presenten aquest creixement. És lògic pensar que en el cas d'*Homo* aquest augment va ser degut a la manipulació i utilització d'objectes transformats.

Efectivament, és possible que la retroalimentació psicomotora sigui la causa del creixement tècnic i de la nova organització social de certs primats homínids. La capacitat de repetir seqüències gestuals sistemàticament i la necessitat de transmetre als joves aquests comportaments artificials segurament han marcat el comportament de les primeres espècies del nostre gènere i estan en la base de l'hominització.

El procés iniciat aleshores és d'un grau molt superior al que presenten espècies molt pròximes als humans i que tenen un comportament manipulador. Hi ha un salt molt important entre la manipulació d'objectes que no han estat transformats amb altres eines, com fan els ximpanzés, i la manipulació d'objectes que han sofert una transformació amb d'altres eines. La complexitat del procés és d'un nivell molt més alt, sens dubte. En la mesura que aquests processos d'obtenció d'instruments es fan més complicats, els esquemes mentals esdevenen també més i més complexos. Possiblement aquest és l'inici del pensament abstracte. Els esquemes psicooperatius seran bàsics per tal de desenvolupar estructures operatives que condueixin a la producció de morfologies artificials. En primer lloc volem mostrar, com tants altres autors, que el cervell, la ment humana actual i les seves capacitats són hereus de la fabricació d'instruments. I, en segona instància, pensem que aquesta s'ha d'entendre, precisament, com la nostra adaptació primordial.

Aquesta proposició és contrària al sentiment més popularment estès sobre la tecnologia i el pensament. Les conseqüències provocades en l'entorn i en les poblacions humanes per l'aplicació de les tecnologies més recents han fet néixer un sentiment modern de rebuig. Un sentiment que és alhora nou i ancestral: ja es va donar al segle XIX amb els moviments maquinistes, però ve de molt més lluny perquè enllaça amb l'oposició idealista entre tècnica i cultura present ja en l'antiguitat clàssica.

En l'actualitat, encara ens fa massa por d'atorgar a la capacitat més pregonament humana el paper i la rellevància que li corresponen. Encara que recentment s'han creat en tots els països tècnicament avançats ministeris de ciència i tecnologia, és una llàstima que també es conservin ministeris de cultura totalment separats dels anteriors, i en moltes ments idealistes es mira la tècnica com un fet antagònic respecte a la cultura. Reflexions com les que planteja Walter Benjamin en el seu assaig sobre *L'obra d'art a l'època de la seva reproductibilitat tècnica* no tenen gaires seguidors. Benjamin remarca el valor divulgatiu de la tècnica aplicada a l'art i el contraposa a l'elitisme intrínsec a la producció artística. Se segueix enganyant la població amb la pretensió que la cultura es fa a banda de les capacitats tècniques, gairebé com si en fos la negació. L'intel·lecte humà no es pot destriar de la nostra capacitat operativa, n'és, ben contràriament, hereu: un quadre de Van Gogh és possible perquè hi ha la fabricació de tints, pintures i teixits. La tècnica i la cultura no es poden separar si no és en formes de pensar conservadores i idealistes com les de l'antiga societat esclavista grega. En el renaixement, ja molt lluny d'aquella època, encara se'n feia ressò Tomasso Campanella quan afirmava el següent: «I és considerat de més gran noblesa aquell que més arts aprèn i més bé les fa. Per la qual cosa es riuen de nosaltres, que anomenem *innobles* els artesans, i diem *nobles* els qui no aprenen cap art i estan ociosos.»

Campanella criticava així la societat del seu temps que, com la nostra, considerava que el pensament era superior a l'acte. Són, en definitiva, societats que tot just comencen el camí de la humanització. Encara hi ha massa circumstàncies del comportament i l'organització del nostre gènere que clarament són prehumanes. Bona part de les característiques que diem que són típicament humanes, i amb les quals molts arqueòlegs treballem com a identificadores de l'activitat i l'existència humanes, en realitat són heretades del nostre passat primat. Nosaltres només hi hem introduït lleugeres modificacions i adaptacions, però, en el fons, es tracta de trets arcaics, atàvics. N'hi ha més que no pensem. Mentre defensem com a humana l'organització jeràrquica de la societat, repudiem la tècnica. Cometem un doble error. En els següents capítols desgranarem algunes d'aquestes dimensions del nostre comportament que encara estan en fase d'humanització.

4. Animals, però també humans

L'afany de poder és gairebé amb tota seguretat innat, però la qüestió és de quina manera els ximpanzés aconsegueixen les seves ambicions. També podria tractar-se d'alguna cosa hereditària. Es diu que algunes persones tenen «instint per la política», i no hi ha cap motiu pel qual no puguem dir el mateix dels ximpanzés. De tota manera, dubto que aquest «instint» sigui responsable de totes les subtileses que els ximpanzés utilitzin en la seva estratègia.

FRANS DE WAAL, *La política de los chimpancés*

Sense adonar-nos-en, sovint diem que els ximpanzés tenen una mirada quasi humana o que són humans en moltes de les seves expressions. No recordem que tan sols fa sis milions d'anys compartíem morfologies i, molt probablement, el mateix tipus de comportament. Ells i nosaltres formem part del mateix ordre: tots som primats, per tant, compartim expressions i comportaments fonamentals anàlegs. Amb tot, és obvi que, a una escala més petita, hi ha diferències culturals i anatòmiques entre gèneres d'un mateix ordre. Pel que fa a la nostra genètica i a la dels ximpanzés, ells tenen un cromosoma més, però el seu ADN és molt semblant al nostre: som iguals en un 99% del genoma. Pel que fa a la tècnica, la dels ximpanzés no és, però, gaire desenvolupada, ja que només utilitzen objectes esporàdicament.

El comportament humà és ple de les inèrcies del comportament etològic dels primats: la necessitat d'establir fronteres i territoris, les jerarquies socials, els comportaments agressius... En sabem molt, d'aquestes actituds tan poc humanes: moltes vegades hem ampliat el seu efecte destructiu gràcies a l'ús —mal ús— de la tècnica. La tècnica ens ha ajudat a fer-nos més independents del medi i, a la vegada, a organitzar-nos d'una manera més social. Però encara en massa ocasions l'estem utilitzant com a primats no humans. La tècnica i les seves corresponents relacions socials encara no són la base de la nostra organització.

La humanitat actual fa guerres pel control del territori i de les fonts de recursos econòmics i té un comportament igual al dels seus avantpassats primats homínids. No hi ha gaire diferències amb el que degué passar a l'est de l'Àfrica, al Rift, quan, ara fa més d'un milió i mig d'anys, es van desenvolupar els sistemes tècnics del Mode 2, molt més potents que els anteriors. Aleshores, les comunitats que els van posar en pràctica van esdevenir molt més competitives i van pressionar ecològicament les altres, cosa que va provocar que algunes haguessin d'emigrar i buscar nous territoris a Euràsia.

L'enfrontament entre europeus i americans a partir del segle XV tampoc no és gaire diferent del que degué ser l'arribada de les primeres poblacions d'*Homo sapiens* a l'Europa poblada per *Homo neanderthalensis*. Aquell fet històric va provocar, a molt llarg termini, l'extinció de la població orginària del nostre continent. Del seu genoma no en resta res en la genètica dels actuals europeus.

El que sí que ha canviat és que ara disposem d'uns mitjans que són impensables per a d'altres grups zoològics. És usual pensar que la guerra és una activitat exclusivament humana i la maldat que envolta aquest comportament s'atribueix a la nostra agressivitat i a la nostra tècnica. Es considera que la guerra és un fet inherent a l'adquisició de capacitat operativa. Però no som l'única espècie que actua d'aquesta forma: com ja hem assenyalat, hi ha proves de l'existència de guerres entre ximpanzés que han provocat l'extermini de grups sencers. I no els cal cap instrument punxant ni llancívol, ni cap bomba per iniciar una disputa fins a l'extermini.

Atribuir la invenció de la guerra als humans *sapiens* és una fal·làcia mal intencionada amb l'objectiu de destruir el comportament humà.

Cal que no oblidem que al llarg de l'evolució el nostre comportament sistemàtic ha estat el de la competitivitat. Si no hagués estat així, segurament ara no seríem aquí per discutir-ho. L'origen de la nostra competitivitat l'hem de situar en el moment que vam haver de sortir de la selva i de les zones boscoses, ara fa tres milions d'anys, i vam haver d'enfrontar-nos a una nova realitat ecològica i a una nova forma de adquisició d'aliments i d'hàbits de vida. Les nostres característiques físiques no feien de nosaltres uns animals gaire ben adaptats als medis oberts: només el nostre caràcter social i la producció d'eines van ajudar-nos a sobreviure, tal com ja hem repetit en moltes altres ocasions. En aquest sentit, solem dir que han estat l'atzar i la necessitat el que ens ha fet humans.

Durant el procés d'adquisició de complexitat els humans hem conservat intactes totes les inèrcies de la nostra condició de primat, i, per tant, la jerarquia i el territori han perviscut en el fons de l'estructura social. Al comportament genètic se sobreposa el comportament etològic i, en el cas dels primats humans, se sobreimposa encara el comportament tècnic i cultural. En altres paraules, la diferència amb la resta de primats és un gruix de complexitat afegida a nivell temporal, però el substrat continua sent essencialment el mateix. Així doncs, la sobreimposició del comportament cultural sobre l'etològic implica una càrrega afegida difícil d'expulsar i sovint té un pes específic molt important en el nostre comportament. És obvi que si afegim la tecnologia al nostre comportament primat el resultat és el que descrivíem a la introducció: la destrucció de milers de persones a Hiroshima i Nagasaki.

Algunes vegades hem sentit la necessitat de saber quin és el percentatge que tenim de l'un i de l'altre, i tenim per costum de dir, per distanciar-nos de la conducta animal, que les passions són animals mentre que el coneixement és humà. El que és clar és que, en la mesura que la tècnica se socialitzi i s'apliqui sistemàticament, farem emergir noves formes de comportament que es distanciaran del que és purament etològic.

Quan vam començar a fer servir els vestits, ara fa uns trescents mil anys, és possible que la indumentària ja representés una forma de distinció tant sexual com personal dins dels grups humans. El creixement exponencial de la tècnica i de la seva aplicació té un rol distintiu que culturitza les relacions introduint una nova forma de comportament social. No hi ha dubte que la tècnica intervé en aquest procés de socialització i, com a conseqüència, l'hàbit etològic gradualment és matisat per un nou hàbit que hem de considerar més humanitzat, ja que és típicament i exclusivament humà.

És important d'admetre que en el procés de la separació dels humans de la resta dels primats, la condició tècnica és un procés que inicialment adquireix un caràcter de tipus imitador. I es va convertint posteriorment en un desplegament estratègic de noves capacitats no conegudes per l'homínid en procés d'hominització.

En la interpretació que molts investigadors fan de l'evolució humana, se situa com a fet distintiu el caràcter típicament social de la nostra actuació i organització, més complexa que la d'altres primats. Fins i tot els ximpanzés tenen estructures de col·laboració certament menors. Tanmateix, la sociabilitat no és qualitativament humana. El que sí que és clarament humà és el fet que aquesta característica es magnifica amb la introducció de la tècnica en les relacions socials.

Als anys setanta, un conegut arqueòleg especialitzat en el plistocè africà, G. Ll. Isaac, va proposar que un factor important d'hominització va ser la solidaritat en la distribució de l'aliment. Ho va exemplificar amb un jaciment excavat per ell en què s'havia descobert un conjunt d'instruments de pedra al costat de les restes fòssils d'un hipopòtam. El conjunt, anomenat simplement *hipopòtam-artefacte* segons Isaac, exemplificava el fet que l'accés a la carn per part dels homínids gràcies a l'adquisició de la tècnica va permetre desenvolupar d'una manera més sistemàtica una nova forma de relació social: la solidaritat en compartir l'aliment en contra del comportament ancestral de mantenir una jerarquia estricta en l'accés al menjar.

En l'actualitat, en què la tècnica és molt més elevada, es fan evidents les possibilitats de la nostra economia gairebé planetària de cobrir les necessitats de totes les poblacions, i no només de les més potents. No és una eliminació o reducció de la tècnica el que ens cal per a la solidaritat, sinó la seva accessibilitat. Ambdues característiques humanes, la intel·ligència operativa i la solidaritat, combinades, són les que poden, clarament, permetre un salt qualitatiu i canviar relacions ancestrals. Aleshores els humans sí que crearíem quelcom de nou i propi, i el planeta podria ser, definitivament, humà.

G. Ll. Isaac només dóna testimoni del possible origen del nostre comportament solidari, un tret distintiu humà que s'oposa a la competitivitat i al desenvolupament de la jerarquia. La qüestió és saber fins a quin punt aquesta contradicció del nostre genoma es pot decantar progressivament en la direcció de la major humanització en lloc de restar en la més pura etologia de primat. Segons Isaac, la tecnologia ens permet, plenament, d'arribar-hi. Nosaltres hi estem d'acord, i hem d'afegir que en l'actualitat, com en el plio-plistocè d'Àfrica, la tecnologia ens permet, a tots els humans, alimentar-nos més bé i prescindir dels enfrontaments territorials i de l'organització jeràrquica. La solidaritat a l'hora de repartir l'aliment carni procedent d'un hipopòtam és la forma més arcaica de socialització de la tècnica que podem mostrar.

LECTURES

FRANS DE WAAL (1989), *La política de los chimpancés*, Alianza Editorial, Madrid.

5. Sexe social

El desenvolupament del subjecte allibera l'ésser de la seva necessitat i la naturalesa es converteix en part integrant de la història de la humanitat i, per tant, en part de l'esperit. A la vegada, la història és el llarg recorregut de la humanitat cap al domini conceptual i pràctic de la naturalesa i la societat, recorregut que conclou quan l'home arriba a la raó i a la possessió del món com a raó.

HERBERT MARCUSE, *Raó i revolució*

Els homínids ens reproduïm gràcies als processos singàmics. La femella, després d'una llarga gestació que dura entre vuit i nou mesos, pareix un nadó. El sexe i la seva pràctica, però, no han estat només al servei de la reproducció, ja que al voltant del sexe s'ha organitzat un complex circuit de relacions. Entre els goril·les, els mascles de mida més gran són els que tenen una màxima jerarquia en el grup i, per tant, cobreixen la majoria de femelles. El mascle dominant ha de lluitar per tal de preservar la seva autoritat gràcies a la qual pot tenir un nombre elevat de cries amb la seva càrrega genètica. Els mascles joves, a mesura que es fan grans, competeixen per ocupar el seu lloc. El gran dimorfisme sexual que es dóna entre els mascles i les femelles és degut a la diferència de papers socials que els uns i les altres tenen. Així, les lleis de la naturalesa i l'organització de les comunitats de primats estan lligades a estratègies de supervivència i aquestes no són possibles sense cohesió social.

Els ximpanzés s'allunyen molt d'aquest comportament. Aquest primat o és més promiscu o té relació de parella, de manera que les jerarquies estan més diluïdes, tot i que hi són. S'han observat conductes de tolerància del mascle dominant, que permet que es cobreixin femelles que li pertocarien de cobrir a ell. També s'ha observat com femelles que suposadament tenen una parella mantenen relacions sexuals amb altres mascles «d'amagatotis». Si ens fixem en el dimorfisme, ens adonarem que en el gènere *Pan*, el dels ximpanzés, s'aprecien unes diferències més reduïdes entre mascles i femelles que el que hem observat entre els goril·les. Podem proposar, doncs, que el diferent paper jeràrquic entre membres de la mateixa comunitat té una gran relació amb la selecció natural dels individus i les diferències en el creixement i en les estructures anatòmiques.

Entre els humans actuals hi ha un dimorfisme sexual molt baix. Els homes, com a mitjana, només són uns sis centímetres més alts que les dones. És lògic que sigui així ja que el paper social dels mascles i de les femelles és molt semblant, malgrat que, malauradament, no es pot dir que sigui tan semblant en les esferes de la cultura i de la presa de decisions, on encara es dóna una gran discriminació de la dona. Com més distint és el paper que tenen els mascles i les femelles en el si de la comunitat, més augmenta el dimorfisme entre sexes. Podem arriscar-nos a dir, doncs, que amb vista a un futur immediat és molt possible que la diferència entre ambdós sexes encara es faci menys notòria i, si provem d'anar encara més enllà en el temps, podríem predir que, en cas de posar-se en pràctica la reproducció extrasomàtica o extracorpòria (en parlarem més endavant), la igualtat sexual pot arribar a ser una realitat a tots els nivells: social, cultural i biològic.

Cal, però, que tornem al passat per intentar entendre'n la raó. Una trentena d'individus localitzats al fons de la Sima de los Huesos, a Atapuerca, ens han permès conèixer els sexes i les edats de mort d'una comunitat humana de fa tres-cents mil anys. Segons José María Bermúdez de Castro, codirector del projecte amb Juan Luis Arsuaga i amb un dels signants d'aquest llibre, s'ha comprovat que hi ha un nombre molt similar d'homes i de dones entre els cadàvers acumulats en el fons d'aquesta cavitat.

Quan es va començar l'estudi de les restes esquelètiques, vam observar un gran dimorfisme entre mascles i femelles que després, en un estudi més aprofundit, hem desestimat. Es van comparar les mandíbules més grans de la col·lecció amb les més petites i es van atribuir les primeres al sexe masculí i les altres, al femení, sense tenir en compte les peces de mida mitjana. D'aquesta manera els sexes indeterminats amagaven la vertadera adscripció de les restes anatòmiques. Si aquestes s'agafen en conjunt es pot observar com hi ha una gradació contínua i una forta similitud. El que passa és que hi ha alguns mascles molt grans i algunes femelles molt petites, els dos extrems, però fora d'això la població de la Sima de los Huesos és molt homogènia.

Per mitjà de l'estudi del dimorfisme fet basant-se en els ossos llargs, i publicat a la revista *Science*, ens vam adonar de seguida que no hi havia tant dimorfisme com el que en principi s'havia obtingut de l'estudi de les restes cranials. Sembla, doncs, que el dimorfisme sexual de l'espècie descoberta a la Sima de los Huesos, *Homo heidelbergensis*, era molt pròxim al nostre.

De tot això se'n poden deduir moltes qüestions i totes extraordinàriament interessants. El baix dimorfisme observat a *Homo heidelbergensis* de fa uns tres-cents mil anys és indicatiu del paper que ja tenien les femelles en aquelles estructures socials. És molt possible que mascles i femelles s'apropessin més al model de comportament actual i, igual que passa amb els ximpanzés, les seves relacions fossin de parella o promíscues. En definitiva, complexes, no basades en jerarquies socials estrictes.

Exemples d'aquesta mena ens permeten avaluar el que volem remarcar amb el terme *jerarquia social*. Perquè el cas és que, com és obvi àdhuc avui dia, hi ha regles socials importants. Però, com també sabem per experiència actual, les normes hi són per regular comportaments instintius i naturals que se'n desvien. El que aquí indiquem són estructures etològiques de base, prèvies a la riquesa i varietat de normatives de les diferents cultures humanes. L'antropologia coneix nombroses formes de normativitzar les relacions sexuals humanes, esteses per tot el planeta: n'hi ha que es basen en la parella; d'altres, en la poligàmia o la poliàndria. Però les formes etològiques comunes a la humanitat són la parella i les relacions promíscues. Això permet xarxes més complexes de relació i una concentració menor del poder.

Com veiem, per a *Homo sapiens* la promiscuïtat és una cosa natural; només les imposicions morals i el control social han pogut posar fre als nostres costums promiscus. Sens dubte és important saber el paper que té la cultura en l'organització del funcionament de les comunitats humanes, i és possible que ja abans que existís la nostre espècie, el comportament etològic comencés a ser lentament substituït pel comportament cultural.

La cultura europea actual es troba en un moment en què, com ha passat en l'evolució biològica, està guanyant complexitat. La creixent modificació d'aquelles normatives socials aparegudes durant l'evolució cultural tendeix a obrir més les formes de relació sexual i social, permet que les xarxes que es generen amb el comportament promiscu es facin més importants. Com a conseqüència, en resulta una riquesa genètica major que no es tindria amb sistemes com el dels goril·les, perquè són més els mascles que s'aparellen i perquè les relacions tendeixen a ser multidireccionals. També es guanya en la reducció de la rigidesa de les relacions socials que són, al seu torn, igualment complexes i multidireccionals.

La cultura moderna segueix, doncs, la direcció que ha pres en general l'evolució biològica d'enfortir i diversificar les relacions, fent-les més complexes i creant una societat més potent. La desaparició de la barrera entre els mons masculí i femení i l'alliberament sexual de la dona elimina tensions i crea relacions més estretes i un coneixement més ampli que comporten una mena de globalització de les xarxes socials.

És difícil conèixer en quin moment exacte de la història es va iniciar la regulació de les relacions intraespecífiques amb relació al sexe que actualment s'estan modificant tan profundament. Probablement la divisió sexual del treball ha influït definitivament en aquests comportaments, cada vegada més estructurats.

Pels caçadors de grans mamífers contemporanis que s'han pogut conèixer i estudiar, sabem que la cacera és una activitat lligada fonamentalment als mascles. És possible que l'esforç que requereix la cacera i, en èpoques més recents, la necessitat de passar llargues temporades en condicions difícils n'hagin fet una activitat perillosa i estressant. La pèrdua d'una femella adulta podia ser molt important per a la reproducció del grup i, com a conseqüència, hauria estat preferible no exposar-les al perill. Òbviament, en una societat d'aquest tipus —i en tenim molts exemples— la femella, tot i que no caci, sol ser la responsable de gran part de l'adquisició dels aliments, en molts casos ajudada per les cries. El seu paper social és extremament important, podríem dir que decisiu. Hi devia haver, sobretot en temps dels grans caçadors del plistocè superior, com s'ha assenyalat manta vegada, una importància social de la cacera que, com tantes altres activitats, s'associen als homes, com una forma de domini més. Per això, malgrat les possibles explicacions racionalistes sobre la protecció de la femella, també hi ha el control de la reproducció i del prestigi per part dels mascles.

Quant a les societats més sedentàries, en les quals es combinen la ramaderia i l'agricultura amb la cacera, el paper de l'home i de la dona està força més equilibrat. En molts casos la dona és qui aporta la major quantitat d'aliments, tal com hem assenyalat respecte als caçadors-recol·lectors. En aquest sentit, la complementarietat seria absoluta si no s'hi introduís, altre cop, el valor diferencial de les activitats de cadascú i el control de l'activitat femenina per part dels mascles.

En les societats industrials, com sabem, s'han trencat les formes arcaiques d'organització familiar i grupal, amb la introducció de la dona en els processos de producció i el replantejament de les feines domèstiques. Això ha allunyat relativament la dona de les tasques de reproducció i l'ha acostada progressivament al món dels homes. Una tendència com aquesta hauria de comportar una major proximitat entre els sexes i una relació més estreta i d'igual a igual.

Aquestes noves organitzacions permeten pensar en un possible final de l'estructuració social basada en la divisió sexual del treball. Per descomptat, les formes socials que estan emergint no en tenen res, de naturals. En la naturalesa el que hi ha és la divisió de papers entre mascles i femelles i, en la majoria de casos, el paper de domini dels primers. Les societats humanes primitives, grup on hem d'englobar totes les formes culturals i socials prèvies a la industrialització, han organitzat culturalment i han simbolitzat amb normes el que, de fet, són ordres naturals. El món modern, en la seva cursa de trencar amb la natura, trenca aquesta dinàmica i proposa estructures noves.

Les formes actuals d'organització passen precisament per la superació de les configuracions reminiscents de l'ordre natural. Desenvolupar la natura seria mantenir papers diferenciats per a mascles i femelles. Anar-hi en contra trencant les dualitats permet fer avançar les estratègies típicament humanes. La divisió sexual del treball i del poder ha de desaparèixer en un futur pròxim, amb l'accés definitiu i total de les dones als aparells de presa de decisions.

Perquè això pugui arribar plenament, hem de tornar a parlar de sexe per tal d'assenyalar que una condició *sine qua non* per a aquesta modernització i humanització és la possibilitat de desenvolupar, primer, i socialitzar, després, les tècniques de fertilització i de gestació extrauterina. No és ciència-ficció sinó un tema tractat des dels anys seixanta i setanta, en què es van començar a desenvolupar les tècniques de fertilització *in vitro*. La cursa humana per millorar la reproducció és molt antiga. Va aplicar, primer, procediments quirúrgics que van desembocar en tècniques com la cesària. El 1884 es va produir amb èxit la primera inseminació artificial a Filadèlfia (EUA) i als anys setanta del segle xx la crioconservació de l'esperma va permetre una primera socialització d'aquesta tècnica. L'any 1978 va néixer el primer nadó concebut en un tub d'assaig. La tècnica del bebè proveta o fertilització *in vitro* n'ha fet néixer desenes de milers des d'aleshores. I en el futur en seran molts més.

Mentre es prepara la tècnica de la clonació i l'enginyeria genètica intenta prevenir l'aparició de malalties i malformacions, hi ha nombroses veus que assenyalen el futur de la reproducció totalment artificial. Des dels anys setanta del segle xx es proposa la necessitat de treballar per aconseguir una reproducció més segura amb l'habilitació de matrius maternes artificials.

Premis Nobel com el biòleg Jean Rostand consideraven ineludible la construcció d'aparells per a la reproducció extrasomàtica. D'altres feien veure que el clos matern natural «és un indret fosc i arriscat, un entorn perillós. Voldríem que els nostres fills fossin, abans de néixer, en un lloc on poguessin ser observats i tan protegits com fos possible» (J. Fletcher, citat per J. Rifkin, *El siglo de la biotecnología*, 1999, p. 44). L'obtenció d'un major control de l'estat de les persones, mitjançant la substitució dels processos naturals per tècniques mèdiques, és el mateix principi que ha guiat la medicina moderna, especialment la ginecologia i la pediatria. Aquesta mateixa perspectiva s'ha d'aplicar en tota la gestació per aconseguir individus més sans i amb un naixement menys perillós.

Per això mateix, en molts casos, es practica avui en dia la cesària. Evita nombroses situacions extremes i, en un món quirúrgic altament complex, controlat i segur, acaba essent més eficaç que el part natural. En no poques ocasions permet el part a dones amb dificultats anatòmiques a causa d'una pelvis petita. Són els casos que en el passat conduïen a la mort de mare i fill.

Hem de ser capaços d'anar més lluny en el discurs social i depassar la pura necessitat de control i eficàcia en la gestació i el part. Hem de veure les perspectives socials que obren tècniques com la gestació extrasomàtica perquè allibera d'una manera total i definitiva la dona de l'esclavatge de la reproducció. S'ha de seguir la línia encetada per recerques i invents com el de la píndola (que permet de regular l'ovulació i, en conseqüència, la reproducció) i traslladar el control de la reproducció a les femelles. La píndola és humanitzadora perquè implica l'alliberament de les jerarquies i l'establiment d'una societat molt més igualitària i solidària.

L'avenç més essencial que va generar la píndola, però, és un altre. Ha estat importantíssim per a la llibertat i per a la humanització poder separar el sexe de la reproducció. Les relacions sexuals i interpersonals han canviat i han pres una dimensió molt destacada. Aquesta dimensió és extraordinàriament humana i transformadora perquè ens situa a anys llum del comportament animal. Al contrari del que plantegen molts idealismes, la pràctica sexual lliure, per al plaer i usada per intensificar les relacions personals, sense la necessitat de restringir-la a la reproducció, és típicament humana i no animal. De retruc ha permès un grau de llibertat molt més gran de les persones joves; no només afavoreix l'alliberament de la dona sinó també el dels joves respecte als grans.

Finalment, s'ha d'esmentar la conseqüència més immediata en l'evolució humana: comporta un trenc important en la demografia. La planificació familiar trenca la tendència reproductora als països tècnicament avançats i en les classes socials amb una major formació i educació. Els guanys i les transformacions causades per la socialització del sexe són molt complexes i múltiples.

Les dones cada cop més poden treballar i desenvolupar-se individualment en un món progressiu. Sempre queda, tanmateix, la dificultat essencial: la gestació i el part, que segueix marcant una desigualtat majúscula entre homes i dones davant el món laboral i de projecció personal. De les matrius maternes artificials, ja se n'han descrit els principis i els elements bàsics, els principis que hauran de complir per mantenir una respiració no aèria, per a la correcta alimentació del fetus i per a l'eliminació de toxines.

Estem a punt d'eliminar l'escull definitiu per a la socialització de la reproducció com a responsabilitat de tots, i de la producció i de la decisió, mitjançant la desaparició de les diferències entre sexes imposades per la biologia. El món s'humanitzarà d'una manera pregona quan s'hagi arribat a la situació que descrivim. És el mateix que ens va separar de la resta de primats: la capacitat per a la producció d'instruments extrasomàtics que ens van permetre d'ampliar d'una manera considerable la nostra dieta i la nostra resistència i eficàcia evolutiva com a espècie. Ara la intel·ligència operativa està a punt de fer-nos superar les restriccions de la reproducció.

LECTURES

ALISON JOLLY (2000), *Lucy's Legacy*, Harvard University Press, Cambridge Mass.

JEREMY RIFKIN (1998), *El siglo de la biotecnología*, Crítica, Barcelona.

ROGER SCRUTON (1999), *Filosofia per a persones intel·ligents*, «Biblioteca Universal», núm. 131, Empúries, Barcelona.

6. Pensar en el menjar

El cicle biològic es basa en el sistema d'*input-output*. Les entrades d'energia i la seva regulació per una estructura permeten que un organisme es mantingui actiu. Menjar és, per tant, la més important d'un conjunt d'activitats que, tot i serne complementàries, són d'una categoria inferior. Per dir-ho d'una manera planera, un organisme no es pot mantenir viu sense menjar.

Per viure es necessita energia d'una manera més o menys continuada, cíclica. Entre els mamífers, els que pertanyem a l'ordre dels primats estem obligats a consumir regularment proteïnes si no volem que es col·lapsi el sistema; buscar-ne ininterrompudament esdevé una tasca que requereix un gran esforç. Ja fa dos milions i mig d'anys que els homínids van descobrir la forma d'ampliar amb eficàcia una dieta que ja era omnívora perquè incloïa tant vegetals com animals aptes per al consum. D'aquesta manera hem pogut sobreviure amb gran eficàcia en diferents entorns ecològics a l'Àfrica. De retruc, la nostra estratègia omnívora ens ha habilitat per desenvolupar-nos en diferents regions del planeta, una aptitud que, d'altra manera, hauria estat del tot impossible.

Les eines de pedra ens van permetre l'accés a l'interior dels cadàvers dels mamífers quan els homínids érem majoritàriament carronyers. Objectes de gran pes i potència, amb un extrem apuntat, ens van facilitar perforar el terra per extreure'n vegetals que fins aleshores no havíem pogut aconseguir. La dieta en va resultar ampliada i, en no estar especialitzats, la nostra resistència a la manca d'algun aliment també.

La descoberta i l'ús sistemàtic de la fusta per fabricar javelines —com les trobades a Schöningen (Alemanya) amb una antiguitat d'uns quatre-cents mil anys— ens van posar en disposició de substituir les pràctiques carronyeres per la cacera a distància. És molt possible que la cacera per llançament d'estris sigui molt antiga i que *Homo ergaster* ja la utilitzés fa un milió i mig d'anys, però d'aquesta suposició no en tenim proves contingents. Molt aviat en la nostra evolució, en el plistocè, la cacera i la carnisseria sistemàtica van ser unes pràctiques de milers d'homínids escampats pel nostre planeta.

Ja hem assenyalat que l'accés a les proteïnes subaèries —ens referim a tubercles d'una gran riquesa nutritiva— va ser possible en començar a fabricar estris capaços d'excavar els sòls de les sabanes africanes. Tot i això, el consum d'aquest tipus d'aliments no devia arribar a ser sistemàtic fins que els homínids no van domesticar el foc. El foc, utilitzat per a la transformació química dels aliments, va representar, doncs, un salt qualitatiu en la supervivència dels homínids.

Durant gran part del plistocè els humans ens vam alimentar de productes continentals, bàsicament de vertebrats, fruits, arrels i tubercles. Cap al començament del plistocè superior, en l'estadi isotòpic 5, fa uns cent vint-i-cinc mil anys, trobem a Etiòpia les primeres proves d'ús sistemàtic de menjar d'origen marí. Algunes poblacions d'*Homo sapiens* arcaic de l'Àfrica oriental consumien tot tipus de bivalves, a més de la tradicional dieta animal i vegetal. En el plistocè superior aquesta nova ampliació de la dieta va ser molt més important. Trobem hams i arpons per pescar i nombroses restes de peix en jaciments d'*Homo sapiens* d'arreu del món. Al final de l'època dels caçadors-recol·lectors va ser quan es va ampliar més el consum de mol·luscos marins. Va ser necessari ampliar extraordinàriament els recursos a causa de l'exhauriment de moltes espècies animals i de la crisi generalitzada del sistema de la cacera i la recol·lecció. És la crisi que va conduir a la invenció i el desenvolupament de l'economia de producció neolítica.

Malgrat l'ampliació de la dieta amb animals aquàtics i malgrat el pes dels vegetals en l'alimentació primitiva —estimat en el 70% de la dieta—, en l'imaginari col·lectiu els grans animals continentals tenien una significació especial. Les mateixes poblacions que van inventar l'ham i els arpons, fa uns quinze mil anys, són els que ornaven les coves d'Europa i d'arreu del món amb figures de bisons, urs, cérvols, cavalls i lleons, entre altres. Les representacions d'animals marins o de riu són molt escasses, amb excepcions extraordinàries com el salmó representat en una cova de la Dordonya i els pingüins de la Grotte Cosquer a Marsella, ambdues a França.

Sens dubte, la destresa per aconseguir energia en medis diferents dels estrictament continentals permet que els homínids colonitzin d'altres continents i s'hi adaptin millor. Hem de recordar que en moltes regions no hi ha menjar vegetal i és escàs l'aliment continental; posem per cas les regions àrtiques on abunden, en canvi, els animals marins.

El menjar, la seva consecució i la seva elaboració van modificar-se extraordinàriament amb l'economia de producció. L'estratègia que s'inicia en el període històric anomenat *neolític* és capaç de generar una quantitat molt més gran d'aliment i aprofitar millor l'entorn. A més de permetre una alimentació més sistemàtica i segura, introdueix aliments nous. Els més destacats són la llet i els seus derivats, com els formatges. La llet no podia formar part de la dieta humana fins a aquesta època, i avui dia n'és un component essencial. També són invents del neolític molt apreciats avui dia les begudes alcohòliques com el vi i la cervesa.

La socialització de les tècniques agràries i ramaderes és capaç de portar menjar a zones amb greus mancances de nutrients. L'extensió de les tècniques de millora i transformació genètica i la seva socialització futura han d'ampliar encara més aquesta capacitat. La intel·ligència operativa humana s'ha de dedicar, com en tot moment en la història evolutiva, a generar més menjar i de més bona qualitat nutricional.

Una de les imatges més clàssiques del cinema de ciència-ficció és la de l'alimentació. No és, però, un fet de ficció que els astronautes necessiten una alimentació especial i sobretot una presentació pròpia dels aliments. Els compostos elaborats químicament i que reprodueixen els gustos, les textures i, per descomptat, la capacitat nutritiva dels aliments naturals són quelcom ja molt notori i popular. En el futur, a més dels viatges espacials, la vida quotidiana presentarà aquesta forma d'alimentació. Avui dia ja són molts els productes de gran èxit entre els consumidors i que han estat elaborats químicament tractant i modificant compostos naturals. No és debades que la indústria alimentària és una de les més potents de l'actualitat. Això ha estat possible gràcies, primer, a la invenció de les eines, a l'aplicació de l'economia de producció i, finalment, al desenvolupament de la indústria. Tots els invents i avenços de la intel·ligència operativa hi han confluït.

Com dèiem en començar: la cuina ens ha fet humans i en el futur ens n'ha de fer més l'enginyeria genètica que produeixi noves menges i en més gran quantitat per eliminar el llast de la fam a més de mig món. Totes les reticències contra la transformació genètica d'animals i plantes han d'anar dirigides al control i a la socialització de la tècnica per fer possible un dels principis de la humanització: trencar amb els cicles biològics lligats a les necessitats alimentàries i a la seva desigual distribució geogràfica i social.

7. Jerarquia i propietat

Els filòsofs s'han limitat a interpretar el món de diferents maneres; del que es tracta és de transformar-lo.

KARL MARX, *11a tesi sobre Feuerbach*

L'anàlisi del comportament dels homínids no es pot fer des d'una perspectiva de la moral en què es basen l'actuació i la presa de decisions de les poblacions humanes actuals de la nostra espècie, *Homo sapiens*. Necessitem la racionalitat, l'objectivitat i l'anàlisi científica com a ordenadors i informadors de l'acció humana. Seguint el fil del domini que la moral té sobre els valors socials, farem esment d'un exemple corrent d'interpretació totalment esbiaixada i intencionada de conceptes d'ordre social. Uilitzem quotidianament les nocions de jerarquia i de propietat donant-los un sentit purament cultural, quan, insistim, són un comportament etològic al qual totes les poblacions humanes han dotat de normes jurídiques i socials equiparables, malgrat que siguin culturalment diferenciades.

Aquestes interpretacions haurien de ser desterrades definitivament de les nostres estratègies adaptatives. Si anem a l'origen dels costums i dels hàbits de relació social dels primats no humans, trobem els dos conceptes, el de propietat i el de jerarquia, ben estructurats i desenvolupats.

Ni entre els goril·les ni entre els ximpanzés, els nostres parents evolutius pròxims, no trobem un comportament diferent del pròpiament humà si parlem de jerarquia i de propietat del territori. La qual cosa vol dir que hem de pensar que aquestes dues formes d'organització de les comunitats d'homínids són, de fet, el producte del comportament etològic animal i que, per tant, no són un comportament cultural humà en sentit estricte.

Els homínids en procés d'humanització, o sigui els humans actuals, l'única cosa que hem fet ha estat reforçar els conceptes etològics donant-los una forma cultural. D'aquesta manera hem justificat un comportament atàvic i hem creat la fal·làcia d'un concepte d'humanitat que ens vol diferenciar de la resta dels animals per aquestes dues característiques. Per mitjà de la socialització de la tècnica, haurem de revisar algun d'aquests aspectes per tal que els comportaments humans vagin perdent el llast dels anys de diferenciació cultural i evolució biològica. Contràriament al que planteja la història cultural i moral, l'eliminació de fronteres i de jerarquies ha de ser l'estratègia pròpiament nostra que permeti una humanització més ràpida del planeta Terra i, més tard, del sistema solar.

La defensa de sistemes jeràrquics, de fronteres i de propietats que encara fan alguns espècimens humans és una prova de comportament animal i, des de la perspectiva de la moral humana, una perversió. Les relacions socials i tècniques de les societats humanes han de contribuir a la pèrdua gradual i específica d'aquests continguts d'animalitat que operen d'una manera negativa en el comportament organitzatiu de la nostra espècie.

L'acumulació d'energia en forma d'aliments per usar-la en un futur és una vessant del comportament que està àmpliament desenvolupada en molts animals. Abans d'entrar en el període d'hibernació, l'ós menja i s'engreixa d'una manera natural i independent per poder resistir el pas de l'hivern, quan no hi ha menjar per subsistir. Una vegada despert, comença altra volta, i fins a la tardor següent, la ingesta d'aliments per recuperar el greix del seu cos, totalment consumit durant la hibernació per tornar, altra vegada, a acumular-ne per sobreviure un nou hivern. Els esquirols i altres espècies acumulen menjar per passar les estacions improductives. Ho fan per pura supervivència.

Veiem, doncs, d'una manera nítida, que l'acció d'acumular aliments forma part d'un comportament animal que perviu en el món dels primats humans, món en el qual continuem acumulant poder i riqueses segons les pautes etològiques i atàviques però en el qual, de la mateixa manera que qualsevol altre animal, condemnem a la pobresa grups sencers de la pròpia espècie.

La jerarquia com a imperatiu categòric d'un món humà continua essent la forma d'organització més estesa. Es fomenten el gregarisme i la falta de plantejament crític. D'aquesta manera, la manipulació per alienació i, com és obvi, per desinformació continua essent habitual dins del medi humà. El nostre funcionament, relacionat amb la conducta de primats culturalment poc desenvolupats, ens treu grans possibilitats de ser més eficaços com a espècie. La manca d'humanització del comportament dels primats a què ens referim és òbvia.

El camí perquè les actuals comunitats d'homínids assolim una organització humana i no etològica passa per la socialització dels territoris, de la tècnica i de les relacions en general. Les respostes adaptatives que hem aconseguit mitjançant la diversitat cultural, una vegada eliminada la diversitat biològica, encara porten el llast del comportament primat més ranci i endarrerit.

En el moment d'escriure aquestes reflexions continua a Europa la destrucció d'antigues fronteres en un procés cap a la humanització del nostre continent. Però això, que sembla un gran pas, no és res més que un nou disseny de les línies frontereres, traslladades ara a la Mediterrània meridional. El nostre continent es converteix així en una fita inabastable per a milers d'humans procedents del Sud que moren a centenars en l'intent de travessar un mar que separa la misèria de la prosperitat. Mentrestant, els humans del Nord, en lloc de posar remei a aquesta tragèdia, alcen més murs entre els uns i els altres segons el model més ancestral de primat. Alguns murs són més que metafòrics, com, per exemple, el de Ceuta.

En les societats humanes arcaiques es veuen néixer les ordenacions simbòliques i complexes, típicament humanes, de comportaments animals. De vegades ho fan amb l'embolcall d'un guany adaptatiu important. L'embolcall ens pot conduir a una anàlisi ràpida i poc crítica, i a fer-nos creure la bondat i l'avenç de la nova forma conductual. Anem per feina! Comencem per situar-nos en el món neandertal euroasiàtic del plistocè superior, fa setanta mil anys, aproximadament.

Per explicar l'acumulació de cadàvers a la Sima de los Huesos fa tres-cents mil anys, s'ha proposat que són una manifestació de culte als morts. Nosaltres mateixos ja ho vam assenyalar a *Planeta humà*. És igualment conegut que els neandertals foren els primers humans europeus a enterrar els seus morts; la diferència entre una acumulació al fons d'una cova i la disposició en una fossa individual excavada expressament és patent.

De neandertals enterrats n'hi ha algunes desenes, i en podem treure informacions valuoses sobre la vida d'aquesta espècie. Ens permeten deduir-ne la qualitat de vida, les malalties, la mortalitat... A l'abric de la Ferrassie, a la Dordonya (França) hi ha enterrats un infant de molt curta edat, un nounat i un fetus. A més de constatar quelcom d'extraordinari, com és la inhumació d'una persona, no de curta edat, sinó que no ha arribat a néixer, hi observem un tret sistemàtic de l'evolució biològica del nostre planeta: la gran mortalitat dels infants.

En una altra cova geogràficament pròxima a l'anterior, la Chapelle-aux-Saints (França), s'hi va localitzar l'any 1909 el cadàver d'un neandertal que va fer fama en convertir-se en el prototipus de la representació de l'espècie durant la primera meitat del segle xx. Marcelin Boule, un científic de reconegut prestigi, va guiar la reconstrucció d'una persona d'aspecte tosc, primitiu, d'esquena corbada i cames arcades, complexió pesant i mirada estúpida. L'estudi que va fer del cadàver de la Chapelle-aux-Saints assenyalava unes diferències importants en les articulacions de cames i malucs respecte a la nostra espècie. Unes dissimilituds que conduïen clarament a considerar els neandertals com una espècie poc humana.

L'error de Boule va consistir a prendre com a característiques d'una espècie el que era senzillament la degradació d'un cos a causa de l'edat. Els problemes articulars corresponien a una artrosi molt avançada. Això Marcelin Boule ho hauria pogut pensar només de veure la mandíbula d'aquell individu: sense dents i amb els orificis dentaris totalment closos perquè, en el moment de la mort, ja feia molts anys que no tenia dentició. Els prejudicis de la població europea del començament del segle xx, que ja establien distàncies molt marcades amb els seus coetanis no urbans d'arreu del món, no podien acceptar una espècie neandertal tant semblant a la nostra que s'hagués desenvolupat fins a tal punt en la supervivència per arribar a una edat tant avançada.

Aquest és l'engany. No hi podem veure estrictament un progrés. S'ha de reconèixer el guany dels neandertals en l'avenç tècnic que va suposar, entre altres coses, l'adquisició i socialització del foc; això els va fer possible sobreviure més enllà del que assenyalava la selecció natural. Ara bé, ¿és gaire estès aquest avenç? Hem de pensar que no. És més senzill considerar-lo un cas molt aïllat de supervivència d'algú que va ser especialment atès i mantingut, possiblement per haver ocupat una posició jeràrquica preeminent.

La jerarquia que es dóna d'una manera natural entre els

primats en el cas dels humans es reforça amb cada un dels avenços tècnics. El foc va ser socialitzat dos-cents mil anys enrere i va permetre un creixement important, però també el reforçament de les diferències socials. El vell de la Chapelle-aux-Saints se'n va beneficiar i va viure molts més anys que cap dels seus coetanis gràcies, probablement, a una estructura social que prioritzava la concentració d'esforços en individus concrets.

Un altre cas, extret també del món dels neandertals, ens permet d'incidir encara més en aquesta qüestió. A Shanidar, una cova del Kurdistan iraquià, es va localitzar una sepultura que contenia les despulles d'un individu d'edat avançada i amb unes deficiències anatòmiques importants. El braç dret era una desferra, només conservava un tros molt petit de l'húmer i presentava lesions importants també en una de les òrbites oculars. L'húmer no semblava que l'hagués perdut en vida sinó que es tractava, més aviat, d'una malformació de naixement. ¿Per què va sobreviure? Hem de tornar a plantejar com a probabilitat l'existència d'una estructura jeràrquica que el sostingués en el si de la seva societat.

Les potencialitats de la tècnica per mantenir i fer créixer les desigualtats socials s'han manifestat més clarament a partir de la invenció i adopció de l'estratègia econòmica de producció d'aliments des del neolític, ara fa uns deu mil anys. Abans d'això hi havia ja formes de conservació i acumulació d'aliments mitjançant el fumatge i, segurament, també la salaó. Però la producció en grans quantitats va permetre la formació d'estructures i institucions socials altament eficaces d'emmagatzematge i control de la distribució. A més de l'aliment, es van acumular productes de prestigi, com minerals rars i difícils de trobar. A Catalunya en tenim un exemple en l'extracció de variscita a les mines de Gavà, en el neolític antic, per servir comunitats d'un territori força extens.

L'acumulació de béns de consum i de prestigi fa créixer molt més les diferències jeràrquiques heretades del nostre passat primat. No podem restringir l'inici d'aquests comportaments al neolític, tot i que s'hi fan més evidents. Les comunitats de caçadors del paleolític superior d'Europa van acumular béns de prestigi com les anomenades «venus», figuretes d'ivori o terra cuita que, a més, degueren tenir un caràcter simbòlic. Fins i tot els neandertals del Romaní col·leccionaven minerals estranys, com el fragment de galena que hi vam localitzar fa uns quants anys.

El col·leccionisme modern ha estat sempre lligat a les classes socials dominants en cada moment. En el Renaixement van ser els aristòcrates, artesans i comerciants. Amb la Il·lustració, els aristòcrates van iniciar l'activitat arqueològica, que els va permetre atresorar béns de prestigi de les classes benestants arcaiques, fet que, a més, els relacionava psicològicament amb els grans noms del passat.

Amb la instauració de l'economia monetària, el col·leccionisme i l'acumulació de béns de les classes dominants s'ha transformat i universalitzat en un poder econòmic patrimonial. Hi podem incloure el mercat d'obres d'art modern. A l'altre extrem de l'evolució de les formes artístiques, hi trobem igualment l'expressió d'una jerarquia en les pintures murals rupestres. Les coves del paleolític superior on les comunitats humanes expressaven els seus símbols corresponien, segons es pensa actualment, a santuaris. Els santuaris són indrets en què es representen els símbols de deïtats i on es practiquen formes de culte. Al llarg de tota la història, els rituals i les religions han estat practicats seguint jerarquies molt ben establertes. Han constituït sistemes de control i de reproducció de l'ordre natural, en el més estricte dels significats, per homogeneïtzar les societats i per inhibir comportaments progressius i modificadors.

Les jerarquies es manifesten en les societats humanes de maneres molt diverses. Totes, però, tendeixen a tenir un paper fonamental i bàsic de domini i major supervivència d'una part de les poblacions. La tècnica influeix moltíssim en aquesta dinàmica perquè ha contribuït a fer més potent i eficaç l'organització jeràrquica. Les diferències es poden manifestar entre classes o entre poblacions, com passa avui dia entre els pobles occidentals i els del tercer món. En el plistocè inferior, ara fa un milió i mig d'anys, el desenvolupament del mode 2 de producció d'eines va fer que les poblacions que el van posar en pràctica creixessin més i controlessin millor el territori que les que seguien practicant el mode 1, més arcaic, tal com ja hem esmentat.

D'aquesta diferenciació en va sorgir la primera emigració de la història que va impulsar algunes de les poblacions de mode 1 fora de l'Àfrica en un fenomen que hem anomenat *selecció tècnica* i que no és altra cosa que l'actualització en versió homínida de la selecció natural. La tècnica, però, pot avui dia anar més enllà i permetre la supervivència com a espècie i no només la d'algunes poblacions. S'ha de fer, tanmateix, trencant amb la inèrcia natural de les jerarquies i la selecció tècnica i introduint la socialització de les capacitats tècniques humanes.

L'anàlisi de períodes històrics passats ens indica que sempre que s'ha socialitzat alguna adquisició humana, com és el cas d'una descoberta tècnica, hi ha hagut un benefici social molt gran. L'exemple del foc ens serveix per explicar aquest fenomen.

En principi, el foc —com expliquem en el capítol corresponent— va passar de ser usat només per una minoria d'homínids durant el plistocè mitjà a ser una tècnica utilitzada sistemàticament durant el plistocè superior. Una vegada socialitzada aquesta adquisició, els homínids van experimentar un increment demogràfic i social exponencial que va intensificar també les desigualtats. És el mateix que podríem dir de la penicil·lina; si no se n'hagués produït la socialització, probablement molts de vosaltres, lectors, ni nosaltres, els autors, seríem aquí.

Aquests dos exemples ens serveixen per evidenciar que el valor operatiu de la socialització és incontestable. No desenvolupar aquesta estratègia fa que s'endarrereixin totes aquelles adquisicions que poden fer accelerar l'evolució social i tècnica dels homínids en el planeta.

L'anàlisi històrica feta des de la rigorositat del mètode arqueològic i de la praxi ens ha d'ajudar a superar les visions i actuacions que són molt lluny de l'acció social i tècnica d'una vertadera humanitat. Cal rebatre des de la base aquells plantejaments que sembla que són ja totalment assumits per les comunitats humanes. És necessari que ens dotem de continguts i estratègies socials ben fonamentats històricament i no en idealismes simbòlics i morals per tal que *Homo sapiens* adquireixi la responsabilitat que li pertoca en el seu procés d'humanització.

Insistim, doncs, en la deconstrucció de les jerarquies i de les fronteres per sobreimposar-hi un comportament governat per les relacions socials i tècniques. Això servirà com a eix d'acció crítica en la construcció d'una humanitat que pugui viure d'acord amb les lleis de progrés que ella mateixa ha anat creant com a estratègia pròpia en el transcurs de l'evolució en el planeta Terra. Les jerarquies són formes totalment naturals que impedeixen el desenvolupament ple de moltes comunitats humanes; el que és genuïnament humà és trencar amb aquestes jerarquies heretades.

8. El xat i l'evolució

Però et sents solitari. En les nits silencioses el roquissar escolta el teu lament i sovint les teves ones alades, fugen dels mortals i es llancen furioses contra el cel.

HÖLDERLIN, *L'arxipèlag*

Tots els grups zoològics tenim alguna forma de comunicació. Ens ajudem d'un codi que ens permet establir una relació a l'interior de la nostra espècie i també a l'exterior, amb les altres. És imprescindible que ens relacionem mitjançant aquest codi sobretot per la reproducció, però també per la necessitat d'aconseguir energia per a tothom establint un comportament col·lectiu que eviti l'extinció del grup zoològic. És a dir, si no hi ha comunicació és pràcticament impossible la supervivència dels individus, condició que és més certa per als primats, sobretot per als primats humans, essencialment socials.

Els senyals per establir una relació sexual es fan evidents en qualsevol dels tipus de ball d'aparellament de tots i cadascun dels ordres i gèneres zoològics. Hi ha llenguatges basats en el ball en moltes aus. D'altres ocells empren el llenguatge del color, com és el cas de l'ús del magnífic acoloriment de la cua per part dels paons mascles. I molts d'ells empren el cant per cridar l'atenció de la femella en l'època de l'aparellament. Nogensmenys, aquestes formes de comunicació lligades al nostre instint de supervivència es van desenvolupant i es fan més estratègiques quan s'amplien a camps tan importants com el de la consecució d'energia.

El món primat és ben ric pel que fa a la gestualitat de les mans i de la cara. Frans de Waal en el seu llibre *La política de los chimpancés* descriu amb detall com un dels membres del grup que ha estat robat per un altre fa un crit amb la boca ben oberta i estén la mà cap al lladre per reclamar que li retorni el menjar robat. La mà estesa és, doncs, una forma de comunicar una demanda tal com ho fem i ho hem fet els primats humans des de fa milers d'anys durant el nostre procés d'evolució.

En resum, veiem que comunicar-se és una forma d'obtenir el que desitges sense necessitat de gastar gaire energia. No ens equivocaríem gaire si diguéssim que, en absència d'aquest codi gestual, el ximpanzé Jakie, víctima del robatori, hauria d'haver fet servir la força a l'hora de fer la seva reclamació. Aleshores, tant l'estrès com la quantitat d'energia malgastada en l'atac i en més que possibles ferides haurien estat enormes.

Durant l'evolució els homínids hem anat combinant la nostra capacitat expressiva de manera que, ara per ara, si observem un individu de l'espècie *Homo sapiens* mentre parla —llevat del cas que estigui «actuant»— veurem que mou constantment les extremitats superiors per afegir vehemència al seu discurs, en un acte que ha esdevingut absolutament inconscient.

No pensem que sigui errònia l'afirmació que, probablement, els homínids hem disposat de llenguatge al llarg de tot el desenvolupament del nostre gènere. Aquesta és una opinió que ha estat defensada per l'eminent científic i antropòleg de la vella guàrdia Philip Tobias. Ell ha manifestat en moltes ocasions que el llenguatge, la capacitat d'expressar idees, està lligat a l'emergència del nostre gènere, i hi ha d'altres científics que són del mateix parer. És el cas del neuroanatomista Terrence Deacon, que en el seu llibre *The Symbolic Species* assenyala clarament com l'aparició de l'estratègia de fabricació d'instruments va poder influir des del primer moment en la formació d'un llenguatge articulat. La proximitat en l'anatomia cerebral entre funcions relacionades amb la parla i d'altres lligades a la manipulació fa pensar que l'ampliació d'aquesta darrera pel desenvolupament de la intel·ligència operativa també va repercutir en la formació de les altres. La gestualitat durant la parla pot ser una altra funció que hi estigui aparellada. Steven Pinker descriu a *El instinto del lenguaje* com el llenguatge és en l'origen del nostre gènere i n'és una part indestriable en el procés evolutiu, de manera que acaba essent un fet instintiu més. L'aprenentatge del llenguatge, doncs, es transforma en un fet instintiu i no pas regulat culturalment. És, en definitiva, una adaptació seminal del nostre gènere.

En aquest context, el que ha pogut demostrar el nostre equip és que els homínids que van ser abocats al fons de la Sima de los Huesos eren capaços de parlar d'una manera articulada, malgrat que ho fessin d'una manera diferent de la nostra. Els ossos hioides dels esquelets de la Sima són semblants als nostres, les àrees de Broca i Wernicke estan desenvolupades i tenen una base del crani que, tot i ser diferent de la nostra, presentava una flexió, una inclinació particular dels ossos que la formen que ja podia fer possible l'articulació de la parla. Per tant, la conclusió que podem avançar és que l'*Homo heidelbergensis* de fa tres-cents mil anys ja parlava. També ho podem deduir per passiva. Si tenien rituals o culte envers els morts, com demostra el conjunt de la Sima de los Huesos, és lògic que aquest simbolisme es manifestés mitjançant un llenguatge parlat.

Alguns col·legues han mantingut que l'home de Neandertal no podia parlar i que aquesta deficiència el va incapacitar per sobreviure. A causa d'aquesta mancança explicaven la seva extinció, tot i que aquest homínid ja fabricava uns objectes de pedra i fusta molt elaborats i enterrava també els morts. Per a nosaltres tot això és suficient per plantejar l'existència del llenguatge articulat complex.

Lieberman i Crelin, en canvi, consideren que l'anatomia de la laringe que podem deduir de la base del crani dels neandertals es correlaciona amb un tub respiratori amb un espai molt reduït que no els permetria una amplitud fonadora suficient per a la creació de vocals. De totes maneres, hi ha moltes llengües actuals en què les consonants dominen i els fonemes vocàlics són molt reduïts. ¿Què n'hauríem de pensar? Els humans que les produeixen tenen un tracte vocal com el nostre. Les llengües es diferencien pels fonemes que utilitzen i és, fins a un cert punt, ridícul, tal com assenyala Pinker, plantejar que com que no tenien la nostra amplitud vocàlica, els neandertals no podien tenir un llenguatge articulat modern.

Recentment hi ha hagut un debat similar amb un fòssil molt notable en molts sentits. Les empremtes del seu neurocrani s'han estudiat per analitzar l'existència de les àrees relacionades amb el llenguatge. Es tracta de l'anomenat Nen de Nariokotomé, l'esquelet d'un adolescent d'aproximadament quinze anys que, a aquesta edat, ja feia més de metre seixanta i, en conseqüència, es va poder assenyalar que si hagués arribat a l'edat adulta hauria sobrepassat el metre vuitanta. És el fòssil més complet de les primeres èpoques de l'evolució humana, ja que se'n té gairebé tot l'esquelet. És el primer exemplar atribuït a l'espècie humana recentment creada amb el nom d'*Homo ergaster*, la primera que va fabricar instruments de mode 2 i la primera, també, a abandonar l'Àfrica per arribar a Euràsia i a caminar perfectament dreta sobre les extremitats inferiors. El Nen de Nariokotomé presenta clarament desenvolupades les àrees de Broca i Wernicke i la cissura de Silvi, que separa el lòbul temporal de la part central del cervell. Són les regions implicades en el llenguatge en el cervell humà modern.

La mateixa equació que plantejava Philip Tobias amb *Homo habilis* es podia tornar a proposar assegurant la capacitat de producció i interpretació del llenguatge parlat articulat per part d'aquesta espècie. Els seus descobridors assenyalaven, però, que l'estudi de la columna vertebral mostrava un canal medul·lar molt reduït, insuficient per al moviment toràcic implicat en la respiració necessària per a la formació del llenguatge parlat. Una prova certament estranya i complexa però que deixava de moment en suspens la relació del desenvolupament d'aquelles àrees cerebrals amb la producció i comprensió del llenguatge.

Alan Walker, descobridor del fòssil, dibuixava un nou escenari indicant que les àrees cerebrals esmentades també tenen relació amb la manipulació, com ja hem comentat en parlar del treball de Terrence Deacon. Per tant, és clar que l'augment de la importància de la manipulació i de la tecnologia en aquesta espècie podia haver fet desenvolupar el seu cervell.

Anàlisis recents han descobert que el canal medul·lar reduït d'aquest espècimen s'ha de relacionar amb una malformació, una deficiència individual, i no pas amb una característica específica. Ara, a més de mantenir les hipòtesis clàssiques sobre el llenguatge i la seva existència en les espècies més primitives del nostre gènere, podem, alhora, proposar una més que possible causa de la mort del jove de Nariokotomé: una malformació tan severa havia de ser, per força, un desavantatge de primer ordre per a la supervivència en un món amb molta competitivitat.

Anem més lluny del que acabem de discutir i afegim el tacte a l'olfacte i a la vista. De la conservació i de la síntesi d'aquests sentits durant el plistocè mitjà en resulta, d'una banda, una gran facilitat per captar senyals i per transmetre'ls d'una manera sonora a llarga distància, gràcies als codis establerts, i, d'altra banda, permet també transmetre la informació a curta distància per mitjà de senyals i utilitzant les extremitats. Tot fa més complex i eficaç el sistema humà de comunicació de situacions, dades i conceptes abstractes.

Homo sapiens —ho diem per experiència pròpia— utilitza aquests senyals d'una manera sincrònica. En el nostre cas recordem les excursions muntanyenques i com ens comunicàvem entre els companys quan ens allunyàvem els uns dels altres. La comunicació oral servia per cridar l'atenció. Més tard, amb un expressiu cop de braç alçat, fèiem senyals d'acostament movent la mà oberta de baix a dalt. Òbviament, intentàvem comunicar que calia pujar cap al lloc on hi havia la resta d'excursionistes.

Homo sapiens ha desenvolupat la parla articulada i complexa però, a més, gràcies a l'habilitat de les nostres extremitats superiors, podem transmetre a altri les nostres idees i passar-les a signes escrits. Els humans hem tardat centenars de milers d'anys a desenvolupar l'escriptura; del llenguatge inicial en l'origen del gènere *Homo*, hem passat per les primeres representacions simbòliques, fa més de dos-cents mil anys, fins a la pintura a les coves i figures humanes trobades en jaciments a l'aire lliure. A partir d'aquí la novetat més extraordinària és el pas als ideogrames —dels quals són bona mostra els egipcis—, i finalment, la creació dels alfabets, autèntics codis complexos, demostració d'un salt comunicacional i evolutiu potentíssim.

A poc a poc, anem perdent les capacitats animals i instintives per a la comunicació. L'olfacte, la vista i l'oïda ja no són els mateixos que tenien els nostres avantpassats, altres espècies ara extingides. Aquesta atròfia ha estat substituïda per una sèrie de mecanismes artificials que hem anat desenvolupant gràcies a la nostra intel·ligència operativa. Així doncs, des de l'ús sincrònic i harmònic dels nostres sentits, ara fa 2,4 milions d'anys, hem anat fent una regressió fins a arribar a l'actualitat, en què el llenguatge parlat i escrit mitjançant màquines ens permet estar en relació permanent.

D'aquesta manera, la recerca de la procreació, de l'aliment i de la transmissió del coneixement ens humanitza, en un procés que ha fet regressives moltes de les actituds i capacitats que ens han estat molt útils per a la nostra evolució.

El llenguatge és una de les nostres adaptacions que més ens humanitzen com a espècie i més transformen el nostre planeta en un espai humà i humanitzat. Fins i tot l'espai exterior està organitzat per a la transmissió de coneixement, amb el llançament de satèl·lits artificials i l'emissió de senyals sonors a llarga distància.

Tornant a la Terra, el nostre món per ara, hem d'assenyalar l'enorme capacitat de transformació de les formes de transmissió de dades i coneixements que resulta, primer, de la impremta i, després, de les xarxes telemàtiques a partir dels anys vuitanta del passat segle xx. La connexió i la comunicació a escala planetària fan molt més eficient l'organització humana i creen formes de relació més horitzontals, la base per al trencament de les formes jeràrquiques d'organització. Tot ens situa molt més a prop de la humanització. El llenguatge és un element vertebrador de primer ordre que en el futur ens obrirà les portes de l'autèntica humanitat desvinculada de formes estrictament naturals.

LECTURES

FRANS DE WALL (1989), *La política de los chimpancés*, Alianza Editorial, Madrid.

ROMÀ GUBERN (2000), *El eros electrónico*, Editorial Taurus, Madrid.

SEBASTIÀ SERRANO (1999), *Comprendre la comunicació*, Proa, Barcelona.

STEVEN PINKER (1999), *El instinto del lenguaje*, Alianza Editorial, Madrid.

TERRENCE DEACON (1997), *The Simbolic Species*. Penguin, Londres.

9. Vestir-nos ens fa diferents

El vestit ens fa diferents dels animals però també entre nosaltres mateixos. Quantes vegades no hem emprat formes despectives per categoritzar el comportament d'aquell que no va «convenientment» abillat en una ocasió determinada. O per assenyalar com són d'inadequades les conductes nudistes i naturistes. El vestit té un origen necessari per afrontar els durs climes que ens ha tocat viure com a gènere. Vestir-nos és una forma cultural i adaptativa principal pel fet que sense cobrir-nos ens és impossible de sobreviure en determinades zones climàtiques de la Terra. Forma part de les adquisicions que ens faciliten l'extensió arreu i la supervivència i èxit evolutiu del nostre gènere. Un èxit que fins avui no té parió en l'evolució.

Els orígens del vestit degueren ser molt modestos. Al nivell TD10 de la dolina d'Atapuerca, els nostres col·legues Josep M. Vergès i Andreu Ollé han localitzat objectes que, segons demostra el desgast que presenten, van ser usats en la preparació de pells, en l'adobament del material base per a l'elaboració posterior d'un abillament o d'altres béns relacionats amb una millor adaptació a l'entorn. ¿Com era la indumentària usada per les poblacions d'*Homo heidelbergensis* a Atapuerca? Evidentment, no tenim respostes clares a aquesta pregunta.

El que sí que podem dir és que havia de ser feta amb pells de bòvids, cérvids o èquids, que eren els animals preferentment caçats. També sabem que no es tractava de vestits cosits, ja que no trobem agulles ni objectes similars. En definitiva, es devia tractar d'un vestuari molt limitat però que complia la funció bàsica de protegir dels freds hiverns de les planes altes de l'interior de la península Ibèrica.

Des d'aleshores el vestit ha evolucionat molt. No estem capacitats per parlar de formes de distinció sexual o jeràrquica entre els nostres avantpassats prehistòrics. Podríem apuntar-les, ja que hem indicat tractes diferenciats entre els neandertals. Però ni tan sols els pintors del paleolític superior ens han deixat imatges de la seva aparença. Van pintar nombrosos animals, però no van representar mai prou clarament la figura humana. Si ampliem l'abillament, incloent-hi objectes d'adornament com penjolls i atuells per cobrir el cap, com ara reds per al cabell, sí que en tenim referències en el registre arqueològic. Hi ha nombroses peces d'os i ivori perforades per tot Europa que indiquen l'existència de penjolls i en una sepultura italiana de fa vint-i-cinc mil anys, es va descriure un nombre molt gran de peces perforades que envoltaven el cap del finat que fan pensar en l'existència d'una malla per al cabell. Tot això ens permet proposar el naixement de l'ús del vestit per remarcar la diferenciació social.

Al final del període paleolític sí que hi ha imatges humanes pintades i gravades que semblen abillades. Hi ha figures amb vestits amplis i llargs que, per tant, han estat identificades com a dones. Aquesta identificació, però, potser s'ha fet més a partir d'una realitat estètica i social actual més que no pas a partir de l'anàlisi acurada d'una realitat passada.

En les poblacions neolítiques ja tenim l'expressió evident de la jerarquia en l'acumulació de béns que inclouen objectes d'abillament com els braçalets, de manera que s'amplia i es diversifica el comportament que hem assenyalat per al paleolític. A partir del neolític es formen les grans estructures jeràrquiques del Pròxim Orient, en les quals l'aristocràcia que controla la producció i la distribució de l'aliment i el territori usa el vestit com a forma de distinció. En els murals egipcis es poden distingir servents i senyors només per l'abillament. En la revolució francesa apareixen els famosos *sans-culots*, una part de la població de baix rang; eren precisament els qui es revoltaven contra l'ordre establert i la jerarquia els menyspreava referint-s'hi despectivament amb el nom del vestit que duien.

Ha estat molt comuna la diferenciació de cultures senceres pel vestit, especialment important quan han conviscut en un territori concret i «ha calgut» distingir els membres de cadascuna. Així hom podia —i pot— identificar jueus, musulmans i cristians en l'època medieval hispànica a través del vestit. Comportaments atàvics similars encara es mantenen, i en les societats modernes els fonamentalistes segueixen conservant les formes tradicionals.

En un camp que ja esdevé folklòric però igualment significatiu, sempre han estat molt apreciats els vestits tradicionals de cada cultura, nació o regió. Amb l'abillament es mostren també les músiques populars i les formes artístiques. Són molts els festivals folklòrics que es produeixen arreu del món en què el vestit és un dels referents culturals.

La diferenciació social engloba tant la forma del vestit com el material de què és fet. Les caravanes que durant tota l'antiguitat i l'edat mitjana van portar teixits sumptuosos d'Orient constituïren el gran negoci comercial que va donar pas, després, al món artesanal i industrial modern. Es tractava de teles per als senyors occidentals que volien fer ostentació del seu poder mitjançant teixits apropiats.

A més de la jerarquia, en les societats i cultures humanes el vestit denota sexe. Al llarg de tota la història, les dones i els homes hem lluït abillaments i ornaments diferencials. En la nostra cultura aquesta diferenciació es marca des del naixement quan a les nenes se'ls col·loquen arracades per distingir-les. Avui, que aquests comportaments primitius estan en decadència, ens equivoquem sovint en la identificació del nadó, i sempre hi ha qui ens recorda que si es mantinguessin els costums tradicionals això no passaria. Nosaltres, descreguts, no coneixem exactament la importància d'aquesta correcta identificació.

Són moltes altres les formes de comunicació del llenguatge ornamental. Així, podem distingir els casats o els promesos dels que, segons es diu popularment als Estats Units d'Amèrica, «encara estan en el mercat». Els anells als dits ens permeten fer-nos immediatament una composició de la situació, encara que sempre hi ha qui transgredeix les convencions.

El que no podem pretendre és eliminar la funció purament evolutiva del vestit que ja hem assenyalat. Per això totes les propostes actuals que trenquen amb les normes de distinció sexual i d'estatus poden tenir èxit sempre que no eliminin el vestit en si com a protecció quan cal. Les transformacions a què ens referim són clarament humanitzadores. Hi podem incloure, per descomptat, el nudisme i el naturisme, sempre que per aquest procediment no vulguem «humanitzar» els esquimals i els lapons.

El segle XX ha estat ric en moviments d'alliberament i matisació (no pas «eliminació») de les desigualtats. El moviment feminista és una de les formes d'humanització que s'han posat en marxa durant els darrers cent anys. Acompanyant-lo, hi ha hagut la liberalització de les formes de vestir. Coco Chanel es va fer famosa en introduir vestits típicament masculins per a dones en la moda de les classes altes. El vestit de jaqueta i pantaló va ser tota una revolució femenina, malgrat que no canviés cap estructura social, només la carcassa.

En general, però, el vestit sí que ha creat revolucions reals en el camp de l'alliberament de les dones i, en general, de les relacions sexuals. La socialització del bany a mar durant la segona meitat del segle XX va comportar una modificació de l'abillament amb la introducció de formes més populars i menys classistes. El biquini, primer, i el *top-less*, després, van humanitzar les platges, equiparant la indumentària de la dona a la de l'home. La reacció va ser, evidentment, el manteniment de platges i zones privades per a qui no s'hi volia barrejar.

En aquest sentit, les propostes nudistes i naturistes, en contra del que puguem pensar, el que han fet ha estat recuperar el vestit, això sí, en el seu sentit més bàsic i evolutiu. El vestit és un invent que ens permet sobreviure en climes extrems. Per tant, és absolutament accessori i innecessari mantenir-lo en situacions en què no ens pot fer servei.

El que ha passat en el món de les dones té paral·lels en el dels homes. També hi ha transformacions que tendeixen a una horitzontalitat en les formes del vestit entre les quals volem remarcar-ne una que ens afecta directament. Era comú al nostre país durant els anys cinquanta i seixanta vestir els nois i joves amb pantalons curts, per indicar així la seva edat. Ara només en queden restes en algunes escoles massa tradicionalistes. Cal tenir també present l'altra cara de la moneda. Era mal vist i criticat que homes adults es vestissin amb aquesta peça de roba. Nosaltres en portem quotidianament durant el calorós i molt sovint humit estiu. Ara aquesta pràctica ja està molt estesa, però quan un de nosaltres el va introduir per primer cop en l'ambient universitari, va ser motiu de burla i crítica perquè era inconcebible que en una entitat tan seriosa i il·lustre hi pogués haver professors que vestissin duna manera tan inadequada. La universitat també ha de ser una institució horitzontalitzada, humanitzada.

La humanització en el vestit és de les més marcades i importants perquè també és, com hem repassat molt lleugerament, de les que indiquen i ajuden a mantenir més clarament les jerarquies i desigualtats. Hem d'arraconar en la història les imposicions imperialistes de la moral judeocristiana que, a més de fer creure mig món en el seu déu, va obligar a vestir-se poblacions que mai no havien fet servir abillaments. Ho van fer en nom d'una pretesa civilització que encara no havia sabut veure que el vestit és històricament funcional. No ho havien descobert perquè la ciència encara no era una activitat social i l'ordre es basava únicament en la moral i els seus ideals de desigualtat. Recordem el que dèiem respecte a d'altres invencions que han reforçat històricament les jerarquies com l'enterrament i el foc. Aquestes darreres són formes humanes, però les jerarquies no ho són. En aquest camp, la creació humana ha estat matisar-les i superar-les parcialment. La fita definitiva, per descomptat, serà l'eliminació de les formes verticals d'organització. Serà una creació totalment nova en la natura i en la història humana.

Podem veure com la humanització ha de ser paral·lela en molts camps: en l'intel·lectual, en el d'organització i en el del vestit. Entre altres. Ara que la ciència ja és una activitat social, no podem caure en els esquemes d'èpoques passades i mantenir, d'una manera forçosa, ni la diferenciació ni l'imperialisme en els costums. La humanització passa per aquí.

10. Temps d'expansió territorial

¿Quina quimera és, doncs, l'home? Quina novetat, quin monstre, quin caos, quin subjecte de contradicció, quin prodigi! Jutge de totes les coses, imbècil i cuc, dipositari de la veritat, claveguera de la incertesa i l'error, glòria i excrescència de l'Univers.

PASCAL, *Pensaments*

La necessitat d'expansió que tenen els organismes és una realitat difícil de negar. Si les condicions són favorables i no hi ha depredadors, la voracitat de la vida en un ambient favorable és, lògicament, brutal. Si això constitueix una propietat dels éssers vius, també serveix per explicar el funcionament dels mamífers.

L'ordre dels primats ha seguit aquestes lleis en tots els seus gèneres i espècies. En últim terme, *Homo sapiens* ha aconseguit instal·lar-se en tots els continents en menys de tres milions d'anys. Tot i que no es va produir d'una manera ràpida, una vegada començat, el seu procés d'expansió ja no es va aturar mai.

És possible que abans que els homínids assolissin l'èxit en l'ocupació dels continents, ja s'haguessin iniciat molts intents no reeixits d'ocupació d'espais molt extensos i desconeguts en els quals la supervivència potser no era impossible tot i que hi devia haver problemàtiques difícils de solucionar. Ens podem imaginar els primers homínids que arriben al continent americà, ara fa 25.000 o 30.000 anys: planes inabastables i zones muntanyoses totalment buides d'éssers humans; extensions immenses on només se sent la fressa dels rius, el vent i els crits dels animals; àmplies extensions on no hi ha cap mena de senyal antròpic.

Els investigadors hem documentat que l'origen dels homínids és al continent africà: ara per ara no hi ha proves que fos d'altra manera. L'any 2000, 6.000 milions d'homínids poblàvem la Terra; no és estrany, doncs, que, repartits per totes les latituds, meridionals i septentrionals, ens costi d'entendre que fa dos milions d'anys només visquéssim a l'Àfrica i que no fóssim més que unes desenes de milers d'individus.

Els humans africans, segurament els de l'espècie *ergaster*, van sortir del bressol de la humanitat a la recerca de recursos fa 1,7 milions d'anys i, cap als 0,5 milions d'anys, s'havien escampat com una taca d'oli per tot el continent eurasiàtic, sobretot a la seva part central i meridional.

Hi ha una sèrie de fets curiosos que cal que analitzem amb profunditat. És il·lustratiu el cas de l'illa de Flores, a la zona sud-oriental asiàtica. L'illa està separada del continent des de finals del plistocè inferior, ara fa uns 780.000 anys. Doncs bé, s'hi han trobat restes d'indústria lítica: una sèrie de llesques de pedra tallades sense cap mena de dubte pels humans fa 700.000 anys. Per tant, la presència d'homínids a l'illa de Flores ja era una realitat en el plistocè mitjà inicial.

Hem de dir que vam mirar incrèdulament el material que ens mostraven els nostres col·legues. A tots nosaltres ens ha costat explicar per què *Homo Neanderthalensis* no travessar l'estret de Gibraltar si aquest és un recorregut marítim tan curt que permetia albirar el continent africà des del penyal de Gibraltar.

¿Com van arribar els homínids a l'illa de Flores? No hi ha dubte que van haver de travessar el mar; per tant, o bé coneixien algun mitjà de navegació o senzillament el van travessar sobre troncs d'arbre. En qualsevol dels casos, el que hem d'admetre és la gran complexitat dels humans de l'espècie *erectus* en el plistocè inferior i mitjà, sobretot pel que fa a la seva capacitat per conquerir el medi marítim deixant de banda la por de l'aigua que senten encara molts dels actuals primats.

Ara fa aproximadament 60.000 anys van arribar a Australàsia. Així ho confirmen els registres arqueològics de Sunda i Saul, al nord del continent. Òbviament també ho van fer navegant sobre troncs o utilitzant embarcacions construïdes amb materials peribles. Els primers d'arribar al continent van ser poblacions de l'espècie *Homo sapiens*. Tenint en compte la seva elevada capacitat cranial i el seu desenvolupament tecnològic, és fàcil pensar que la seva arribada no es va tractar d'una casualitat. Possiblement disposaven d'algun mitjà d'observació que els va permetre intuir l'existència del continent; si no va ser així, és difícil pensar per què s'hi van adreçar.

Aquí les reticències típiques de qualsevol posició d'antropocentrisme queden diluïdes en tractar-se de la nostra pròpia espècie. Ja no hi ha problemes per admetre la capacitat de navegació i d'exploració de territoris. El que ens indiquen, contràriament, les evidències anteriors és que no som nosaltres els primers grans viatgers de la història. *Homo erectus* ja va explorar territoris desconeguts amb mitjans suposadament molt rudimentaris però que eren capaços de fer arribar poblacions humanes a racons separats per llenques considerables de mar.

Quan van iniciar la colonització de l'illa de Flores els humans utilitzaven sistemes tècnics pertanyents al mode 1, el més primitiu desenvolupat pel gènere humà. Es considerava un conjunt de sistemes tècnics poc resolutiu i efectiu. Ben al contrari, es tracta de tecnologies altament eficaces. Però, paradoxalment, alguna raó va fer que altres humans amb sistemes tècnics més perfeccionats no creuessin extensions de mar similars en altres latituds. No trobem, ara per ara, explicació a aquestes paradoxes.

Finalment, l'últim dels continents que es va ocupar va ser l'americà. L'estret de Bering és el lloc que es proposa com a corredor cap al nou continent. Els jaciments de Bluefish Caves, datats en vint-i-cinc mil anys, així ho testimonien. Les condicions de pas per una terra gelada també haurien estat molt difícils i de ben segur els humans que en van travessar la superfície havien de disposar de bons abrics i de foc.

Com podem veure, la llarga aventura humana per conquerir el planeta no ha estat exempta de dificultats. La conquesta de la Terra per un gènere que al llarg de totes les diferents espècies que el componen havia desenvolupat la intel·ligència operativa es feia inevitable. És curiós destacar que ha estat la, per ara, darrera de les espècies del gènere *Homo* la que finalment ha aconseguit la fita. L'esforç d'antropització de la Terra ha estat enorme per a les espècies que l'han duta a terme. La quantitat d'intents que hi deu haver hagut només és comparable a la quantitat d'energia que els humans contemporanis estem gastant per començar la colonització del nostre sistema solar.

Des de 1969 cap més *Homo sapiens* no ha pujat a la Lluna ni ha trepitjat cap superfície planetària que no sigui la nostra. Quan Armstrong va trepitjar la superfície lunar va pronunciar la cèl·lebre frase: «Un petit pas per a un home, un gran salt per a la humanitat.» És un salt que encara no està consolidat perquè les dificultats de l'ocupació de l'espai estan lligades a un comportament nostre encara primat i poc evolucionat culturalment: abans de fer una cosa ens n'assegurem. Som uns animalons conservadors.

A cavall de les conquestes biològiques i tècniques de les espècies precedents, nosaltres, els *Homo sapiens*, hem estat capaços d'acabar la gesta. Ara només hi ha una sola espècie arreu del planeta i la lògica ens indica que per fer realitat un futur en què puguem viure en altres indrets del sistema solar, només cal que ens ho proposem i que trobem la fórmula de sobreviure en ambients sense gravetat ni atmosfera.

Som l'única espècie humana que es manté i viu en tot el planeta. Per fer el que hem aconseguit, qualsevol altre gènere hauria desenvolupat diverses espècies, cadascuna adaptada a un ambient concret. Nosaltres, en canvi, n'hem tingut prou de tirar endavant una estratègia social basada en la diversitat cultural. Aquesta diversitat ens ha permès sobreviure en tots els territoris. Segurament, sense adquisicions com la del foc i la del vestit no hauria estat possible la gran odissea de la conquesta de la Terra. Ambdues adquisicions, socialitzades no fa gaire temps (possiblement en el transcurs del plistocè mitjà), han estat les armes clau per dur-la a terme, juntament amb el llenguatge i el comportament simbòlic —que també hi ha tingut un paper destacat. Tot plegat s'ha d'entendre com un comportament tècnic complex i diversificat.

La diferenciació cultural i la consegüent selecció tècnica han estat, doncs, les claus dels homínids per poder desenvolupar un comportament ecosocial diferenciat del de la resta de les espècies. I ens veiem amb cor d'afirmar que serà l'aplicació social i solidària de la tècnica, trencant tota forma de selecció, el que ens permetrà sobreviure allà on cap més espècie del planeta no ho faci. El futur, doncs, és a les nostres mans.

L'espai i el temps formen la nostra estructura vital. Al llarg del temps hem estat capaços d'ocupar parsimoniosament l'espai, de reconèixer el planeta. Després de milions d'anys de progrés espacial hem arribat a ser la consciència del planeta, en contra del que diuen les paraules d'un idealista, encara que il·lustrat, com Pascal. No podem compartir el pensament que reproduïm en l'encapçalament del capítol: no som l'excrescència de l'Univers, sinó la seva consciència, l'espècie que l'ordena, l'única que el pot destruir però també l'única que prova de preservar-lo. No som cap cuc, som l'espècie que, seguint les lleis de la natura i de l'evolució —res més natural—, ha conquerit l'espai i el controla. Ara hem de ser els qui, creant formes de comportament no naturals, sinó completament diferenciades i humanes, trenquem amb la competitivitat evolutiva per generar un ordre eficaç territorialment i organitzativament. Ja ha passat el temps de la selecció tècnica i natural.

Com hem dit, la ciència i la tècnica han estat sempre en la base d'aquest salt adaptatiu, el més important que mai ha desenvolupat cap organisme durant els milions d'anys d'evolució biòtica. Per tot això els humans ens podem definir com una singularitat de l'espai i del temps; és més, som la *singularitat*.

11. Selecció natural i selecció tècnica

Les visions naturalistes de la realitat humana s'han succeït al llarg de la història del pensament racional. Aristòtil, en la seva sistemàtica del món animal, ja va assenyalar que els humans som animals racionals. Plini i Lucreci, entre altres, van situar la realitat humana en el si del conjunt zoològic; tot i això, les cultures clàssiques, i també les de l'edat mitjana, es caracteritzen per un gran idealisme. En la mateixa classificació d'Aristòtil ja es pot llegir entre línies: som animals però caracteritzats per la racionalitat, no pas per les manualitats, per la tècnica, sinó per la capacitat de comprensió, de creació de mons abstractes, de conceptes interpretatius.

Les grans teories sobre la biosfera i el paper que hi tenen els humans van arribar al segle XVIII amb la proposició de Lamarck. Sovint se l'interpreta malament i se'l considera un personatge de segona, eclipsat pel geni de Charles Darwin. No és una visió correcta. És molt més adequat de veure-hi la persona que va trencar definitivament amb el creacionisme dins un món molt hostil en què es conservava pràcticament intacte l'idealisme clàssic segons el qual tots els éssers vius són una creació voluntària de la divinitat, sigui quina sigui aquesta divinitat. Com a molt, s'acceptava una creació esgraonada per explicar les successives aparicions i extincions de llinatges.

Lamarck, en canvi, va intuir que els éssers vius canvien forçats per les condicions ambientals que els impulsen a modificar parts de les seves anatomies en la direcció de perfeccionar-se i adaptar-se millor a medis canviants. Va ser el primer de veure la biosfera com un sistema en canvi i modificació constants. Per arribar a aquesta conclusió es va basar, com després havia de fer Darwin, en l'exemple de les espècies domèstiques modificades per la influència humana. El problema va ser que, si bé Darwin s'hi va basar d'una manera parcial i els seus arguments provenen especialment d'exemples salvatges, Lamarck va proposar un sistema excessivament influenciat per la domesticació. Fins a tal punt és així que la direccionalitat de les modificacions anatòmiques, la recerca del perfeccionament, està molt influenciada per la realitat de la domesticació; a més, manifestava un típic idealisme medieval en què encara es deixava notar el pes de les primeres teories naturalistes.

La genialitat de Darwin rau en la interpretació correcta de la realitat que va viure en el seu famós viatge de circumnavegació de la Terra. Tot i que la genètica no existia, i que ell no va ser mai capaç d'explicar com es generaven els canvis, sí que va adonar-se que es produïen modificacions en els éssers vius influenciats per nombroses variables climàtiques i ambientals, però també geogràfiques. Va proposar la seva teoria de l'evolució per selecció natural allunyant-se definitivament del llast d'idealisme que encara conservava Lamarck i va abandonar la idea de direccionalitat de l'evolució.

Darwin feia servir el terme *evolució* i no el de *transformació*, i va atorgar al medi ambient i a la interacció entre els éssers vius el paper determinant en l'evolució. Així es va formular una proposta sistèmica, en què tots els éssers vius estan relacionats i en la qual és precisament aquesta relació la que provoca els canvis. De manera que la pressió, la lluita per la supervivència, selecciona positivament o negativament uns éssers i no és la voluntat o el moviment intern de les espècies el que provoca el canvi. També permet entendre que hi hagi espècies que sobreviuen en unes àrees geogràfiques determinades i que en canvi desapareixen en d'altres. En les segones hi ha una forta competència que no existeix en les primeres. Aquí no hi veiem ni rastre d'idealisme ni d'influència estricta del camp de la domesticació.

L'aposta més forta de Darwin va ser introduir els humans en el mateix sac que la resta de les espècies i proposar per a nosaltres una evolució de la mateixa mena basant-se en la lluita per l'existència i la selecció natural. Després d'anys de vacil·lació per part de les ideologies conservadores, els industrials fortament reaccionaris del tombant del segle XIX al XX van saber-hi veure la justificació teòrica de la seva posició de domini. Amb ells va néixer el darwinisme social, que pretén explicar les diferències de classe o les desigualtats entre pobles com un fenomen natural perfectament explicat per la teoria de Darwin. La genètica moderna de poblacions i l'actualització del darwinisme durant el segle XX s'han encarregat de demostrar que es tracta d'una visió totalment errònia que avui dia només es manté en cercles molt determinats, ideològicament esbiaixats. Tanmateix no deixa de ser una noció amb una àmplia base popular, així com les postures racistes també estan massa arrelades en totes les cultures.

Les desigualtats no són un ordre natural contra el qual no es pugui lluitar. Ben contràriament, la història demostra que moltes desigualtats s'han superat i d'altres es poden superar en el futur. Proposar, creure i defensar el contrari és precisament el que pretenen en general tots els idealismes, que entenen el món com quelcom fixat des d'un moment original i que no pot ser modificat. És el mateix idealisme que avui dia pren la forma d'un conservacionisme extrem o que pretén que no és lícit modificar genèticament els humans ni cap altre ésser. Tant els éssers vius com la realitat social poden canviar-se. La història ens indica que ambdues coses han estat fetes en el passat i que no hem de tenir pors atàviques. El que sí que ens cal és precaució, però sabent-nos subjectes i artífexs màxims del que passa, sense tuteles i punts de referència aliens al sistema biològic.

Els humans, com tota la biosfera, estem subjectes al canvi evolutiu. Durant els darrers quatre milions d'anys hem evolucionat dins la família homínida, de la qual només quedem nosaltres. De primer vam adquirir el bipedisme i fa dos milions i mig d'anys es va produir una primera explosió, amb la producció d'instruments, lligada al creixement del cervell i a l'adquisició d'un llenguatge rudimentari. La producció d'instruments és l'adquisició que més ens diferencia en l'arrel del nostre llinatge humà. També és la característica essencial que ara fa un milió i mig d'anys va iniciar una nova forma de selecció: la selecció tècnica.

Quan algunes poblacions de l'espècie *Homo ergaster* van desenvolupar per primera vegada l'anomenat mode 2 de producció d'instruments, van provocar un diferencial tècnic respecte als altres grups que es mantenien elaborant instruments segons el mode 1. Els nous sistemes tècnics eren més eficaços, potents i amb més capacitat d'aprofitar i controlar el territori. Aquesta situació va provocar una diferenciació que va comportar la desaparició més que probable de molts grups que no hi van poder fer front i amb l'emigració d'altres que van arribar a Euràsia.

Per primera vegada en la història natural sorgia una forma nova de selecció que no produïa espècies diferents, sinó que provocava competència en el si d'una mateixa espècie sense que es generés una diversificació genètica. Va ocórrer el mateix que es dóna en l'actualitat, en què l'espècie *Homo sapiens* és única, sense distàncies genètiques, però en canvi, presenta unes diferències tècniques impressionants al seu si. Això és un fenomen totalment nou per al qual nosaltres proposem el terme *selecció tècnica*, diferenciat del de selecció natural.

La selecció tècnica sí que és voluntària i té una finalitat perquè segueix pautes típicament humanes, conscients, i no exclusivament naturals. És allò a què es referien els darwinistes socials. No és, com volien ells, però, una llei natural, sinó estrictament humana contra la qual es pot lluitar i s'ha de lluitar amb les eines humanes al nostre abast.

En les nostres mans, la selecció tècnica és la que ha produït les espècies i races domèstiques. Aplicada a l'espècie humana no ha provocat canvis genètics a gran escala sinó només diferències culturals marcades per desigualtats en la capacitat operativa. Com a eina al nostre abast, en canvi, ens ha permès canviar la genètica de moltes altres espècies. Malgrat tot el que acabem de dir, sí que podem plantejar, d'una manera matisada, que provoca una conservació genètica que no és regulada per la selecció natural. La medicina i l'aplicació de la tècnica en general permeten la supervivència de moltes persones, de classes d'edat senceres, amb malures que podrien ser letals. Tot plegat provoca que es mantingui una informació genètica no gaire saludable. Fem sobreviure molts individus que la selecció natural faria desaparèixer. No es canvia la genètica, però es priva que la selecció natural la faci canviar. Podem recordar l'exemple de dones amb la pelvis massa estreta que ja hem proposat més amunt: la tècnica els permet de parir i, per tant, de fer conservar i estendre aquesta característica poc beneficiosa.

Ja es pot veure la direcció que han de prendre les coses. L'enginyeria genètica, en un futur pròxim, ens permetrà, finalment, influir directament i d'una manera positiva en el nostre genoma, no únicament privant l'actuació de la selecció natural sinó emulant-la completament. D'aquesta manera, farem renéixer Lamarck perquè aleshores la teoria transformista serà aplicada d'una manera conscient i funcionarà plenament.

És evident que, en mans de les classes dominants que cerquen el control i el benefici econòmic, aquesta situació no pot comportar res més que una major desigualtat. L'aplicació més perniciosa de la selecció tècnica a la recerca d'individus «perfectes» enfront d'altres que no tindran aquesta possibilitat els relegarà a una situació encara més denigrant que l'actual.

És forçós, doncs, que la ciència i la tècnica se socialitzin per evitar aquest futur inhòspit i eliminar la selecció tècnica en la seva vessant de creació de desigualtats. Ara bé, l'aplicació tècnica per aconseguir noves adaptacions per a tota l'espècie o per eliminar malalties congènites és una forma de selecció tècnica que cal mantenir. I no només mantenir-la, sinó, sobretot, propiciar-la com una forma de progrés i d'humanització que és.

La modificació tècnica del nostre genoma a la recerca del benestar generalitzat i social és el pas definitiu vers la humanització. El mateix passa amb l'enginyeria genètica aplicada a la consecució d'aliments més productius i de més qualitat, amb els quals s'aconsegueixi, especialment, trencar les diferències i desigualtats entre pobles i regions geogràfiques. La selecció tècnica ben aplicada pot trencar la inèrcia de milers d'anys d'aplicació desigual.

Cal fer una darrera reflexió; la selecció tècnica, en la seva forma ancestral, és una forma particular de selecció natural en tant que fa que unes poblacions sobrevisquin i d'altres en surtin perjudicades. És una mena d'ordre natural. Però és un ordre contra el qual podem lluitar, per trastocar-lo i transformar-lo en un d'artificial no basat en la competitivitat entre poblacions, sinó en la integració de les seves potencialitats per eliminar desigualtats.

La socialització de les capacitats tècniques per a un millor ús de la selecció ha de ser la forma decisiva d'humanització. De socialitzacions que han millorat l'adaptació i la capacitat de creixement del gènere humà n'hi ha hagut moltes. Es poden destacar la distribució del menjar dins un grup, la socialització del foc, la de la producció d'aliments, la de la ceràmica, la de la medicina i la salut. Podem repassar-ne algunes abans d'entrar a discutir com, en el futur, la socialització de la tècnica permetrà millorar l'espècie *Homo sapiens*.

SEGONA PART

La socialització en la història evolutiva

1. Espurnes d'humanitat

La informació arqueològica està constituïda pels canvis del món material que resulten de l'acció humana o, més succintament, pels resultats fossilitzats del comportament humà.

GORDON CHILDE, *Introducció a l'arqueologia*

En la campanya de l'any 2001 hem trobat, per primera vegada, evidències materials de foc antròpic als nivells del plistocè mitjà d'Atapuerca. Es tracta d'un nivell de la Sima del Elefante que té una antiguitat d'entre cent cinquanta i doscents mil anys. No és, ni de lluny, la prova més antiga de foc. Ben al contrari, pertany a un període en què, controlat de molt abans el foc per unes quantes poblacions, se n'iniciava la socialització. Quan el foc va començar a ser usat sistemàticament pels homínids, va tenir lloc una de les més grans revolucions en el camp de les adquisicions de la humanitat.

Desconeixem amb exactitud l'origen de la seva utilització. Hi ha col·legues, com H. Merrick i R. Belomo, que el situen als inicis del plistocè, ara fa 1,8 milions d'anys, i posen com a exemple el lloc de Koobi-Fora, a l'est del llac Turkana (Kenya) en què detecten àrees enrogides al sòl, interpretades com a alteració tèrmica. El que sembla evident, però, és que el foc no és controlat i repetit sistemàticament per la majoria de comunitats d'homínids fins a un moment molt avançat de l'evolució.

Ara fa dos-cents mil anys trobem proves de l'existència del foc a pràcticament tots els jaciments prehistòrics que hi ha arreu d'Àfrica i d'Euràsia. És el cas de la Sima del Elefante que hem esmentat. Però encara tenim proves més antigues que ens demostren que el foc ja havia estat usat molt abans per algunes comunitats. Parlem de les aportades pels principals jaciments, entre els quals destaquen Schöningen (Alemanya), amb una antiguitat de quatre-cents mil anys, i Terra Amata (França), que, amb tres-cents cinquanta mil anys, és lleugerament més recent que l'anterior.

A partir de les dades de què ara per ara disposem els científics, és, doncs, prou versemblant que fem remuntar la utilització del foc d'una manera esporàdica a temps molt llunyans, que podríem situar als inicis del plistocè inferior. És ben probable que l'observació dels incendis naturals o de l'activitat que es produïa a les zones volcàniques i de la constatació del profit evident que en podien treure impulsés petits grups d'homínids a trobar la manera de conservar el foc i, més tard, produir-lo ells mateixos.

El comportament d'aprofitament maximal de l'entorn que desenvolupaven els humans del plistocè inferior i mitjà degué fomentar una recerca d'aliments després dels incendis buscant, per consumir-los, els animals que havien resultat atrapats per les flames i rostits. Aquest comportament devia afectar de la mateixa manera els bulbs que s'havien cuit al subsòl a causa de l'escalfor que regnava a la superfície. Aquesta cadena de fets fortuïts podria ser a la base de l'ús intencionat però ocasional del foc, que hauria portat, més endavant, algunes poblacions a la recerca de la forma de produir-lo i domesticar-lo. La qüestió fonamental segueix essent que el foc revoluciona l'estructura social de la humanitat perquè accentua la cohesió del grup que l'usa.

Arrisquem-nos a dir que, molt possiblement, la necessitat de comunicar-se millor va trobar una forma nova. És a dir, el foc va afavorir el desenvolupament del llenguatge i de la creació de nous fonemes cada vegada més adequats als fets quotidians. També és possible que el foc facilités el desenvolupament del llenguatge simbòlic. No seria estrany que, gràcies al foc, i a conseqüència del confort, de la llum i de la tranquil·litat que proporcionava, apareguessin també les primeres obres d'art.

Molts dels qui llegiu aquestes ratlles, com nosaltres, deveu haver conegut de menuts el paper socialitzador del foc. A les cases de pagès, asseguts a l'escó vora del foc a terra, l'àvia o l'avi ens explicaven contes. Eren vetllades viscudes per la comunitat com un clar referent al comportament social i familiar que nosaltres hauríem de tenir quan ens féssim grans. El foc representava el que en el nostre món representa la televisió i la forma més fàcil d'educar i fer aprendre a la canalla allò que era el món dels grans. El foc reuneix i tranquil·litza els qui el posseeixen. Amb l'excusa del foc, la tradició cultural pot ser transmesa de diferents formes i incorpora l'esperit de pertinença al grup.

Pel que fa a la manera com es va descobrir i mantenir el foc, devia ser gràcies a un procés llarg d'assaig i d'error. L'experiència quotidiana de la producció d'espurnes en la talla de la pedra per fer eines devia ser presa com a inici per trobar la forma d'aprofitar-les per encendre. La qüestió aleshores degué ser la recerca del material adequat per ser encès. A partir d'aquí s'havien de seqüenciar les operacions necessàries i retenir-les per repetir-les. La percussió de dos blocs de sílex es va veure millorada pel descobriment de metalls com la pirita. Si percudim un bloc de pirita amb un de sílex es produeixen espurnes que poden ser aprofitades, si l'operació es fa en contacte amb un material molt sec i altament inflamable, com pot ser fenàs, excrements o bolets. El que s'aconsegueix és una incandescència que ha de ser alimentada movent i bufant en el feix de matèria inflamable perquè s'oxigeni i encengui flama. Aquesta és la forma més fàcil i amb més contacte amb la realitat de cada dia dels productors d'eines de pedra.

L'encesa per fricció de dos pals degué arribar més tard i es degué convertir en una fórmula de fer foc extraordinàriament eficaç. Mitjançant el moviment d'un arquet es frega una broca de fusta, afuada d'un extrem, en l'interior d'una petita cassoleta practicada en una base de fusta. L'efecte del fregament és la producció d'una incandescència de la fusta i de cendra. Si aboquem aquesta cendra a l'interior d'un feix de matèria seca, s'acaba el procés de la mateixa manera que ja hem descrit. És molt més ràpid i segur que el mètode anterior. Però comporta un coneixement empíric més profund, fet pel qual suggerim un invent posterior d'aquest sistema. Hi ha variants: en lloc de l'arquet mogut a mà es pot crear la incandescència movent la broca amb un sistema de cordes que creen un moviment de vaivé constant.

Pensem que la recerca de les espècies de fusta més adequades devia ser el més important. La que va fer el nostre company Jacques Collina-Girard per trobar la parella de fustes adequada per a broca i base se'ns representa com una reproducció moderna de la recerca que degueren dur a terme les comunitats prehistòriques.

Al començament devien ser pocs els homínids que feien servir aquests mecanismes. Per això, el foc devia ser, durant molt de temps, un bé d'ús minoritari, reservat, fins i tot amagat. D'aquest avantatge se'n devien aprofitar els grups d'homínids més avançats a l'hora de poder viure i explotar territoris amb més facilitat i, com a conseqüència, amb més organització; així, el creixement demogràfic d'aquests grups va poder ser més elevat que el de la resta d'homínids.

A poc a poc, el foc va ser utilitzat per tothom i d'aquest ús massiu en va resultar la seva socialització. La capacitat humana de produir escalfor i llum quan ve de gust fou una adquisició fonamental per a la conquesta de les latituds més fredes de la Terra i més tard per a la colonització total del planeta paral·lela a un gran creixement demogràfic.

Veiem, doncs, que el foc és una de les adquisicions més importants dels humans i que la seva aplicació té conseqüències irreversibles en el procés d'humanització: influeix en el creixement de la nostre espècie, en el canvi d'hàbits alimentaris, en el llenguatge i, possiblement, en l'art i tot l'aparell simbòlic de comunicació.

El foc i la seva domesticació constitueixen per als homínids en procés d'humanització una estructura nodal que accelera la complexitat del seu comportament. Al nostre entendre, hi ha dues grans adquisicions humanes que són estructurals: la primera és l'adquisició de la tècnica, fa dos milions i mig d'anys, i la segona és la socialització del foc, ara fa uns 200.000 anys.

A partir de l'estadi isotòpic 6, fa 200.000 anys, la socialització de l'ús del foc provoca un creixement demogràfic espectacular. Tot això ens indica que la sistematització tècnica d'eines permet adaptacions diferents de les que hi havia anteriorment i contribueix aclaparadorament a l'estructuració social de moltes espècies, especialment en la nostra, *Homo sapiens*.

Esmentem el foc com a primera gran socialització de la història humana. És el primer cas de què tenim proves suficients per proposar l'extensió pràcticament universal del que havia estat un recurs estratègic restringit a certes poblacions. Per als primers grups que van domesticar el foc a l'Àfrica i Euràsia, es va tractar d'una adquisició transcendental que els va posar davant de qualsevol altre grup i els va permetre una adaptació molt més eficaç. Evolutivament es va tractar d'un èxit crucial que va permetre un creixement especial.

La socialització va traslladar a la població humana sencera, que aleshores consistia, almenys, en tres espècies, *Homo erectus*, *Homo neanderthalensis* i *Homo sapiens*, els avantatges de què havien gaudit els descobridors. El nostre èxit evolutiu recent es fonamenta, en gran mesura, en aquest episodi històric.

El control i la reproducció del foc és un element clar d'humanització. Ja que es tracta d'un instrument amb moltíssimes possibilitats d'aplicació, genera un canvi de primera magnitud en la vida dels humans i en l'organització d'un espai humà cada cop més nítid. Ens referim a qüestions ecològiques i econòmiques, d'obtenció d'aliment i de seguretat en l'entorn que asseguren una millor adaptació i eficàcia evolutiva i que cal afegir a les que hem assenyalat més amunt. La socialització a què ens hem referit millora l'adaptació del gènere però també crea un equilibri entre les poblacions que no hi era prèviament. En definitiva, el guany per al gènere humà és tan divers i múltiple com les aplicacions mateixes del foc.

2. Ceràmica per als mites i ceràmica per als atuells

El procés de domesticació i de socialització del foc va obrir nombroses vies noves d'humanització de la població homínida. Igual que passa amb la indústria actual, com que la tecnologia com a bé no ha estat mai socialitzada, qualsevol avenç que se'ns proposa en aquest camp s'inicia com a forma discriminatòria i creadora de desigualtats.

Una de les aplicacions més potents del foc ha estat històricament la producció de nous atuells per a la cocció de peces de terra. Paga la pena detenir-nos un moment en el que comporta per al desenvolupament de la tecnologia l'adquisició d'aquest avenç. Abans, però, l'emmarcarem en el període en què va aparèixer i els avenços tècnics que el van acompanyar. La producció d'instruments es basava fins aleshores en la creació de morfologies a partir de la fractura de blocs de pedra. S'havien posat en pràctica nombroses tècniques per aconseguir millorar la capacitat operativa dels instruments. Des de les tècniques més arcaiques s'havia buscat, de primer, la manera de fer els instruments més lleugers i prims. En segon lloc, que tinguessin una regularitat de tall que en permetés un ús controlat i efectiu. A continuació s'havia aconseguit estandarditzar objectes concrets i, finalment, va ser possible que tots els objectes responguessin a un estàndard de mesures, de gruix i de regularitat dels talls. La tècnica de finals del plistocè assegurava, doncs, l'obtenció d'objectes de talls rectes, fins, continus, regulars i repetits. La consecució d'instruments de pedra de les mateixes dimensions permetia introduir-se plenament en la indústria dels mànecs; era possible i fàcil iniciar una economia dels mànecs que els conservés llargament mentre només se n'intercanviaven les peces de pedra que s'hi inserien. Una tecnologia idèntica a la nostra en la qual podem canviar les fulles d'una maquineta d'afaitar o podem canviar les rodes d'un cotxe perquè totes responen a un estàndard establert.

Tot això es produïa a l'Àfrica i Euràsia al plistocè superior. Fa deu mil anys, al Pròxim Orient es va iniciar una nova forma de configurar els objectes. L'estandardització i la consecució de tallants rectes i continus tenien un límit. Aquest punt final el constitueixen els meravellosos ganivets de sílex dels egipcis: perfectament fins, extraordinàriament regulars i continus, altament eficaços i estandarditzats per poder intercanviar-los. Però el seu tallant no pot evitar les minúscules i quasi microscòpiques irregularitats dels punts d'impacte allà on el finíssim martell havia aixecat una ascla diminuta que, tanmateix, deixava una irregularitat.

Això no es podia solucionar amb la simple fracturació. Requeria la introducció d'un nou mètode: el poliment. La nova tècnica va permetre crear formes noves; especialment es tractava d'aconseguir els talls més rectes i regulars mai vistos. Sovint s'assenyala que el poliment, aparegut durant la revolució neolítica al Pròxim Orient, va néixer acompanyat d'un altre guany tècnic: la ceràmica. En canvi, la recerca de períodes molt més llunyans a l'Europa central han indicat que la terra cuita és una tècnica que es coneixia de molt abans.

Els primers objectes de terrissa tenen vint-i-cinc mil anys d'antiguitat, quinze mil més que la pedra polida. Si el polit permet crear formes, és un fet més patent que la terra cuita porta les possibilitats al màxim. S'han arribat a localitzar falçs fetes amb aquest material, que substitueixen, per tant, d'una manera completa la pedra en alguns sectors i llocs. De totes maneres, la ceràmica no és el substitutiu genuí de les eines de pedra sinó el d'una tecnologia que ens passa sovint desapercebuda a causa de la seva fragilitat i perquè ha desaparegut quasi totalment del registre arqueològic. Ens referim a la cistelleria. D'estris fets de vegetals n'hi ha de localitzats en llocs en què el clima ha permès recuperar-los, com les àrees seques del Pròxim Orient o les torberes del nord d'Europa. A partir d'aquí podem estar convençuts que en el decurs de tot el plistocè es van configurar instruments de fusta i vegetals.

Durant el neolític, aquesta vaixella primitiva de fibres trenades va ser substituïda per una de terra cuita, més eficaç, versàtil i resistent, com també més ràpida de produir. És tan revolucionària com el polit de la pedra i, en aquest punt, podem dir que va néixer la primera tecnologia sintètica, en la barreja de terra i minerals per desgreixar-la, especialment quars, posat a coure per obtenir, per primera vegada, un material totalment nou. Les característiques de la terra cuita no s'aconsegueixen per la transformació simple de cap material natural. S'ha de produir d'una manera totalment tècnica per síntesi. És un gran avenç tècnic i també científic pels assajos que degué requerir abans no es va trobar la fórmula apropiada.

La tècnica de coure la terra no es va aplicar primerament, com hem dit, a la vaixella. Té un altre origen a les planes centreeuropees dels caçadors-recol·lectors del plistocè superior d'ara fa vint-i-cinc mil anys. Els primers objectes de terrissa els trobem al jaciment txec de Dolnì Vestonice: diverses figuretes que representen imatges humanes i animals. Es tracta d'una estatuària que respon a la imatgeria de l'art paleolític tal com el podem trobar a les pintures murals de les grans coves, com Altamira, Las Caus, Niós, Chauvet i Cosquer. És el mateix art figuratiu i els mateixos humans «primitius» que el van fer: els grans inventors de la ceràmica.

Les interpretacions més comunes, a què nosaltres ens vam referir a *Planeta humà*, situen l'art del paleolític com l'expressió d'una simbologia religiosa, mística i mítica, amb la mateixa dimensió que les expressions figuratives de la religiositat moderna. Les coves són santuaris moltes vegades inexistents a les planes de l'Europa central. Una mancança que és substituïda amb altres formes d'imatgeria com les de Dolnì Vestonice, en què s'han trobat figures d'animals i humanes en ivori i les que ja hem esmentat de terra cuita.

Tothom que treballa les religions actuals, clàssiques o primitives sap que els santuaris i l'expressió mística segueixen unes normes ben reglades i controlades, d'alguna manera, per estaments concrets de la societat que poden ser d'edat, de sexe o aristocràtics. Així devia ser durant el plistocè, de manera que les figures de terra cuita de què parlem degueren estar sota el control d'un estament d'un dels tipus referits, ja que no es tractava només del domini de la creació i del contingut i configuració de les imatges, sinó que era un fet molt més significatiu que tot això. La terra cuita històricament ha resultat un dels invents més revolucionaris i amb més capacitat de transformació de la vida humana. Les recerques a Dolnì Vestonice ens mostren que va ser una tècnica d'ús restringit, no socialitzada durant l'última part del plistocè superior, i que va ser al neolític quan es va aconseguir la universalització i popularització de l'ús de la terrissa, quan va aparèixer a tots els habitacles i no només relacionada amb activitats aristocràtiques i restrictives.

¿Per què al mateix moment que la terrissa es dedicava al mite no s'introduïa en la vida quotidiana? És una pregunta important. Així com el foc donava un potencial d'eficàcia reproductiva i evolutiva al grup que el descobria i per això es feia lògica la seva restricció, el cas de la terra cuita no és tan clar. El seu ús per fer figures no dóna cap avantatge, ni gran ni petit. Sembla que la qüestió històrica ha de ser una altra. Tot i que, evidentment, l'autèntica raó se'ns amaga en el desconeixement d'un temps sense referències escrites directes per resoldre una qüestió tan poc material, proposem que la seva relació amb quelcom tan misteriós i que era tan afalagador de controlar com el foc podria estar en la base de la seva restricció. No ens convenç la idea d'una manca d'imaginació dels homínids del moment per relacionar la nova tècnica amb la vaixella.

Una darrera possibilitat, estrictament tècnica i molt probable, assenyalaria que potser no es tenien encara tots els coneixements necessaris per a la producció de terrissa en massa tal com requereix la «indústria» de la ceràmica. Ni tampoc la realitat social i econòmica d'estabilitat i sedentarització suficients. Cal dir, en qualsevol cas, que la societat de Dolnì Vestonice va construir una estructura de cabanes molt complexa, parcialment soterrades en el sòl d'argila i que en la proximitat del poblat es van localitzar una sèrie de tombes igualment complexes i riques.

Tot apunta, doncs, cap a una societat molt avançada, i segurament jeràrquica, que va descobrir una de les facetes de l'ús del foc i que no la va desenvolupar en la seva dimensió més socialitzadora. Caldrà esperar quinze mil anys per veure com aquesta nova forma tècnica surt del clos del santuari religiós, per veure com se socialitza a tots els habitacles per a ús domèstic i per veure com acompanya una gran revolució en tots els àmbits de la vida quotidiana i social que inclou un altre avenç tècnic de primera magnitud: el polit de les eines de pedra. Aquest avanç, juntament amb la tècnica sintètica de cocció de l'argila, va revolucionar el món artesanal, ja que tots dos mètodes eren capaços de crear formes totalment noves, que anaven molt més enllà de les possibilitats de la fractura de la pedra, que ja havia arribat al seu límit natural, a un punt impossible de superar.

El foc i la síntesi de materials encara havien d'aportar noves revolucions a la tècnica i a la vida quotidiana dels humans antics. Ara fa aproximadament cinc mil anys es va descobrir i elaborar la tècnica de fusió d'elements metàl·lics continguts en diferents tipus de roques. La síntesi de coure i estany va permetre la creació d'un nou material, en absolut natural: el bronze. Si la ceràmica ja havia iniciat la creació de nous materials, la nova tècnica ampliava els recursos i anava molt més enllà i acabava de superar les restriccions de la tècnica de producció d'instruments.

Ni la ceràmica ni el polit no havien pogut substituir totalment l'utillatge lític; molts dels antics problemes no havien estat resolts. La pedra té un límit de resistència que el metall va poder superar. La qüestió a resoldre era clarament de material, i no pas de capacitat efectiva de les formes creades. Això ho podem observar clarament en el fet que les primeres eines de metall configurades tenen la mateixa morfologia, gruix i delineació regular dels talls de les darreres eines de pedra. Abans ens hem referit als extraordinaris ganivets egipcis. Ara hi hem de tornar per assenyalar que els primers objectes metàl·lics els eren idèntics en tot, excepte en el material.

Per descomptat, en les primeres èpoques de tecnologia metal·lúrgica, l'entorn de la jerarquia guerrera, de poder i de luxe va ser el que va concentrar tots els esforços. De la mateixa manera que havia passat amb la ceràmica vint mil anys abans, ara succeïa amb el metall, que va tardar mil·lennis a socialitzar-se plenament, la qual cosa ens indica que totes les restriccions als processos socialitzadors són més de caire social, econòmic i organitzatiu, de domini, que no pas tècnics.

A l'Europa occidental el creixent poder d'una classe d'artesans burgesos va donar l'empenta definitiva perquè emergís la gran indústria del vapor i les successives. Sense el poder social que va plantejar, no s'hauria arribat al punt del descobriment, la posada en marxa i l'increment espectacular d'una indústria el principi més bàsic de la qual ja era conegut pels grecs clàssics. L'estructura econòmica grega, basada en l'esclavisme, i el rebuig ideològic a desenvolupar qualsevol forma artesanal i a donar-li prestigi van ser causes suficients perquè no es busqués i millorés la tecnologia necessària. Amb la ceràmica va passar, probablement, un fet similar, i es va restringir territorialment i en l'àmbit d'aplicació fins al neolític.

3. Socialització de l'agricultura i la ramaderia

La domesticació d'animals i plantes és un dels processos històrics que més han humanitzat l'ecologia de la Terra i, també, dels que més han humanitzat el comportament dels homínids. Cada dia es fa patent per a tots nosaltres que la transformació de l'ecologia del planeta té un punt d'inflexió destacat amb l'arrasament de zones boscoses per establir-hi camps de conreu o espais oberts per a pastures. És menys evident que l'inici de l'agricultura i la ramaderia, com a estratègies en diversos punts del planeta fa uns deu mil anys, transformés d'una manera dràstica la societat humana.

En pocs milers d'anys, les societats que havien modificat les estructures econòmiques es van tornar sedentàries i van veure créixer espectacularment la seva demografia. La combinació d'aquests dos factors és a la base del procés d'urbanització del planeta, de la dualitat estable entre territori feréstec i territori típicament antròpic. Els humans en moviment constant creen una territorialitat més dispersa, homogènia i horitzontal, escassament jerarquitzada. El sedentarisme i el creixement demogràfic fan que la territorialitat sigui més vertical i jeràrquica, i separen clarament l'espai humà del que no ho és. Aquesta tendència és molt marcada a partir del neolític, tot i que durant el plistocè i, especialment a partir del plistocè mitjà, tota activitat antròpica tendeix a crear la verticalitat de què parlem.

La urbanització no és l'única conseqüència del canvi d'estratègia. Per descomptat, el factor principal ja l'hem assenyalat: el creixement demogràfic com a conseqüència de la major estabilitat en la consecució d'aliments, sobretot per la cultura de l'emmagatzematge que permet conservar durant temps l'aliment. En el plistocè superior els neandertals ja havien assajat formes similars de comportament com a estratègia per preservar l'element carni. Ho vam constatar a l'Abric Romaní, on vam descriure un fogar damunt del qual es van localitzar restes de molses i un trespeus. Tot fa pensar en l'existència d'una estructura per fumar aliments. Els animals que els neandertals caçaven eren, sovint, de grans dimensions: cavalls, bisons o rinoceronts. La seva conservació era una estratègia que permetia maximitzar el consum aprofitant tot l'animal i no deixant-ne absolutament res per a d'altres depredadors. La creació d'aquest comportament millora la supervivència de la població i la fa créixer. Amb la domesticació, la producció és encara més potent i permet guardar aliment per a tot el cicle anual. Tot fa, també, que es domestiquin les plantes que permeten una conservació més eficient amb un tractament menor.

L'emmagatzematge dels productes va afavorir el reforçament de les estructures jeràrquiques. Es van trencar les velles jerarquies tribals basades, molt probablement, en l'edat, en formes arcaiques, a fi d'establir noves maneres urbanes i estructures de domini personals o d'una família principal. El final d'aquest procés va ser una revolució perquè el canvi d'organització social, de dispersa a centralitzada, i el canvi en la jerarquia, d'àmplia a concentrada, modifiquen totalment la societat.

Va ser una revolució larvada, llargament gestada en les comunitats no només del final del plistocè, de l'anomenat mesolític, sinó fins i tot en les del paleolític superior. En altres capítols hem assenyalat característiques d'aquest període especialment relacionades amb la territorialitat, els mites i la jerarquia, que clarament assenyalen canvis en la direcció del neolític.

Hi ha altres trets del final del paleolític que cal esmentar. En els deserts del Pròxim Orient es coneixen de fa anys uns tancats anomenats «estels del desert», molt perceptibles des de l'aire. La historiografia local assenyala que es tracta de tancats per introduir-hi ramats abans de fer-ne la cacera massiva. A Abu Hureyna, un jaciment arqueològic de la mateixa àrea que pertany al mesolític, és a dir, a l'època prèvia a la plena domesticació, s'han trobat concentracions abundoses de gaseles de totes les edats i amb senyals d'haver estat abatudes. El conjunt de dades obtingudes d'aquests jaciments i el coneixement de les formes ancestrals basades en els «estels del desert» van fer plantejar als arqueòlegs que l'estratègia posterior de domesticació d'animals tenia les seves arrels en el mesolític. Segons aquesta hipòtesi, els antics pobladors havien endegat una forma de cacera basada a espantar els ramats salvatges i conduir-los a tancats com els que acabem de descriure; un cop allà, arquers situats al perímetre exterior haurien abatut tants animals com van poder. Es tracta de la mateixa estratègia que practicaven els indis de les planes d'Amèrica del Nord. Tant al Pròxim Orient com a Amèrica, trobem que aquest tipus de cacera s'emprenia en un moment concret de l'any, sempre a la mateixa estació.

Nosaltres estem convençuts que durant tot el paleolític superior les poblacions humanes d'arreu del món havien establert una pressió molt forta de control i selecció sobre els ramats vigilant els seus cicles reproductius i de moviment. En el registre arqueològic d'aquesta època a Europa, es troben objectes que han estat interpretats com a calendaris lunars, encara que aquest és un tema àmpliament debatut. Però el que és evident és que el desenvolupament del mesolític i del neolític no és producte d'un canvi de la nit al dia. Calia trobar formes de control del bestiar per conèixer els seus períodes reproductius i abandonar sistemes de cacera indiscriminada i poc efectiva. Recordem que el paleolític superior és un moment històric en què es crea una mística clara que té els animals de l'entorn com a déus o figures sobrenaturals disposades d'una manera ordenada en els santuaris. No és, doncs, desencertat proposar l'origen de les transformacions en ara fa entre trenta i vint-i-cinc mil anys. La darrera xifra correspon al campament de caçadors de Dolnì Vestonice, a les planes txeques, on els habitatges es construïren amb materials peribles sobre una superfície excavada en el subsòl, una estratègia que devia aïllar de l'exterior alhora que donava més estabilitat a l'estructura. És el mateix jaciment on localitzem objectes de terra cuita i tombes múltiples molt riques i complexes.

Si no ens equivoquem, això vol dir que estratègies pròximes a la ramaderia van aparèixer molt d'hora en la història, malgrat que a Abu Hureyna la cacera de ramats salvatges es portés a terme encara quan l'agricultura ja era una realitat. La ramaderia es va desenvolupar a partir del control dels ramats, mentre que l'agricultura va començar arran de la domesticació incidental a partir de la selecció dels cereals i fruits més adequats i del seu transport. El blat s'ha de collir abans que caigui d'una manera natural perquè aleshores està madur; en el moment de la collita sempre es perden grans que, en caure, preparen una nova collita de les formes seleccionades; a més, els grans seleccionats seran transportats del lloc de creixement al punt d'hàbitat. Hi podem veure una estratègia similar a la que molts insectes empren per a la pol·linització. Els experts anomenen aquesta estratègia *coevolució*: les plantes i els humans es beneficien mútuament i varien en funció de les necessitats de les unes i dels altres. La selecció natural en què els humans fan el paper d'un dispersador molt potent afavoreix aquelles plantes en què s'han produït les mutacions més favorables a les necessitats humanes.

La següent fase va correspondre a la domesticació especialitzada, ja dirigida i volguda, que condueix a una veritable agricultura. A partir d'aleshores es va iniciar el control de tot el cicle reproductiu de les plantes desboscant, preparant els camps, llaurant, plantant i tenint cura del seu creixement adequat eliminant les males herbes, les quals, encara que no apareguin d'una manera voluntària, no deixen de ser espècies igualment afavorides per l'activitat humana. Les males herbes demostren, d'una banda, que els humans no controlem tot el procés i les seves conseqüències i, de l'altre, que l'esquema de la coevolució és molt encertat si tenim present que el paper de la selecció natural el porta a terme un ens conscient i no un joc de forces naturals i ecològiques.

La domesticació de plantes es va produir a diferents centres arreu del món. El Pròxim Orient mediterrani, l'Orient Mitjà i la vall del Nil han estat anomenats en conjunt el «Creixent Fèrtil». A més d'aquesta zona, que s'ha definit com l'àrea clàssica de neolitització, hem d'esmentar la vall de l'Indus, la Xina i el sud-est asiàtic, el Japó i Mesoamèrica. En totes aquestes regions es van donar condicions d'explotació intensa de l'entorn alhora que apareixien sistemes de control i formes de domesticació incidental. Però no a tot arreu es van donar les mateixes formes econòmiques. Així com al Pròxim Orient mediterrani va tenir lloc primer la ramaderia, a Mesoamèrica no va arribar a produir-se mai aquesta activitat: quan hi van arribar els colonitzadors europeus, la forma econòmica de producció estava basada en l'agricultura.

Des dels focus originaris, l'economia de producció es va estendre pràcticament per allà on era possible dur-la a terme. La forma d'expansió comuna va ser la colonització per diverses raons: recerca de recursos inexistents en l'àrea original o alliberament de tensions demogràfiques. De cap manera la colonització no proporciona relacions entre iguals, sempre genera desigualtats; cal recordar, per exemple, que l'agricultura no es va estendre plenament fins molt més tard. Tampoc no ho va fer la cultura urbana; en un primer moment només es van estendre formes tecnològiques i culturals.

Un dels punts en què hi va haver, contràriament al que hem dit, una expansió molt primitiva de l'economia de producció va ser a les planes del centre d'Europa, les mateixes on s'havien establert els caçadors de Dolnì Vestonice. La vall del Danubi va rebre un impacte agrícola molt intens; tant, que s'ha proposat que sigui un nou focus neolític. Hi ha, però, una possible explicació per a aquesta forta expansió: recentment s'han recollit dades sobre la formació molt moderna de l'actual mar Negra. A finals del plistocè i primers mil·lennis de l'holocè era un mar interior idèntic als que l'envolten, com el Caspi, amb unes dimensions molt més reduïdes, aproximadament un terç de les actuals. El desglaç dels pols i el creixement del nivell de la Mediterrània van fer que l'aigua penetrés al Bòsfor i els Dardanels; en pocs decennis, va reomplir bruscament el fons de la depressió de l'antic mar.

En pocs anys, una enorme extensió de terra va quedar completament negada. Es fa senzill d'explicar una emigració igualment sobtada i brusca de les poblacions que vivien a la riba de l'antic mar. Es tracta de grups molt pròxims al Creixent Fèrtil que haurien pogut formar part d'una extensió molt primitiva de la nova forma econòmica; de sobte, aquestes cultures han de trencar els seus llaços amb l'Orient i han de trobar una forma d'expansió cap a l'Occident seguint la vall del Danubi.

L'agricultura i la ramaderia van comportar, com el foc, un gran avenç evolutiu per als grups que les van inventar i adoptar. Per aquestes raons, i seguint els preceptes evolutius clàssics segons els quals els avenços no s'escampen a fi de mantenir el diferencial favorable per als inventors, les noves tècniques tampoc no es van entendre fàcilment.

De fet, només els intents recents d'estendre l'agricultura al cor de l'Àfrica per alleugerir els episodis de fam que pateixen cíclicament es poden qualificar de *socialització*. Molts estem convençuts que només iniciatives com aquestes poden permetre desenvolupar aquelles regions i afavorir un creixement demogràfic i de benestar en un futur proper.

L'extensió de l'agricultura a totes les poblacions europees durant l'antiguitat va fer possible superar nombroses crisis i va fer que el poblament del nostre continent no s'estronqués, tot i patir moltes davallades a l'època feudal. Com va passar amb el foc i la ceràmica, l'adopció generalitzada d'aquests avenços millora el benestar col·lectiu.

Els darrers anys, l'agricultura i la ramaderia estan seguint uns avenços significatius i molt prometedors amb l'enginyeria genètica. La transformació de les espècies vegetals i animals fan un pas més; la coevolució es dirigeix, ara sí, totalment des de la consciència humana sense haver d'esperar l'aparició d'unes mutacions favorables que ja es poden crear directament al laboratori.

Les espècies resistents a les inclemències climàtiques i a l'atac de plagues, que asseguren una quantitat més gran de producció, han de ser la solució per superar les crisis d'aliments i la fam en tantes regions del món. La recerca i la socialització d'aquestes tècniques han de permetre estendre el benestar arreu; la socialització primitiva de l'agricultura i la ramaderia així ho van fer a Europa; la socialització futura de les noves tècniques l'ha d'estendre definitivament arreu del món, per complir, així, les necessitats d'humanització del planeta. L'extensió de l'agricultura tecnificada és una de les vessants del procés d'humanització en el futur.

4. De la religió a la ciència

L'objectiu de la ciència és construir una representació del món objectiva, per tant verificable, amb independència de tota intervenció divina. Excloent Déu del seu camp, expulsa al mateix temps la demostració de la seva existència o inexistència.

CLAUDE ALLÈGRE, *Dios frente a la ciencia*

El títol d'aquesta secció reflecteix una idea d'evolució clara i marcada. Arrenca del pensament mític creador de llegendes sobre la natura i els humans i arriba al coneixement positiu i científic en què dades validades i teories contrastades permeten un avenç espectacular de les adaptacions i el benestar humans amb una expansió increïble de les nostres capacitats. Associem el coneixement científic a la necessitat de convertir-lo en una activitat social, participativa, coneguda per tota la població, en benefici dels ciutadans i indissolublement lligada a la socialització paral·lela de l'educació pública. L'objectiu és trencar l'estructura jeràrquica de la creació del coneixement i de la seva distribució, unes passes ineludibles per a la humanització real del planeta. Passem ara a desgranar les etapes evolutives de les formes de coneixement i a mostrar com s'han convertit, progressivament, en una qüestió d'interès social.

Ningú no té cap certesa sobre el moment històric en què va sorgir la idea d'un ésser sobrenatural. No sabem quina de les espècies del gènere *Homo* va crear i desenvolupar la perspectiva de l'existència d'una força superior organitzada. D'aquesta idea en resulta una forma de pensament abstracte però amb una gran aplicabilitat social; se'n diu *religió*. La religió és, sens dubte, una creença que està profundament institucionalitzada en les comunitats. Es tracta d'un universal perquè es basa en un sentiment molt humà, la por, la inseguretat, la necessitat de sentir-nos protegits per un ens amb poder sobre tot l'ordre natural. A això s'afegeix el manteniment de l'herència primat d'organització jeràrquica, que encaixa molt bé amb la idea d'un regent universal.

El mètode científic intenta trobar proves arqueològiques tangibles de la seva aparició i del seu desenvolupament tot i saber que és molt difícil arribar a conclusions del pensament abstracte per mitjà dels codis icònics. És molt difícil poder demostrar l'existència d'una manifestació religiosa que no ha quedat enregistrada pel llenguatge, tot i ser conscients que pot existir sense el registre material. Nogensmenys, ja que la capacitat operativa és una de les característiques fonamentals del humans, se'ns fa difícil pensar que les mans no tradueixin de seguida aquesta nova qualitat intel·lectual.

De tota manera és complex atribuir al registre arqueològic, a una figura, a una escultura, a un gravat o a una pintura, un caràcter religiós. Es corre el perill d'interpretar el passat a partir del que nosaltres coneixem i practiquem. Aquesta visió actualista pot donar per fets una colla de criteris que, possiblement, altres espècies encara no havien definit.

Si atribuïm a l'art una relació amb la religió i la creença en un sentit més general del que se li atribueix generalment, podem dir que el pensament simbòlic és molt antic: és possible que ja existís fa uns quatre-cents mil anys. La seva socialització degué estar lligada a la del foc; per tant, les creences s'haurien convertit en una estratègia comuna per als humans del plistocè mitjà. D'aquest període és la figureta de Berekhat Ram, trobada als Alts del Golan amb una antiguitat de 250.000 anys.

Quan interpretem el món del passat utilitzant la nostra experiència actual, veiem comportaments més o menys socials

—entre altres, religiosos— en gravats i pintures rupestres i mobiliaris. Si les religions que ens han arribat fins ara són les tradicions superestructurals molt antigues que els ramaders i pastors de fa quatre mil anys van recollir dels caçadors-recol·lectors, podem dir que aquesta forma de funcionament és molt llunyana i carregada d'inèrcia. Trobem, aleshores, factibles i raonables els plantejaments sobre l'art paleolític que hem referit en altres seccions d'aquest llibre i a *Planeta humà*.

Les coves pintades haurien seguit els mateixos esquemes que un temple/santuari modern amb representacions dels mites situats jeràrquicament: els principals en els grans panells i els secundaris en zones més internes. Els fons de les coves haurien pogut funcionar, a més, com a àrees místiques lligades a cultes i al xamanisme, i per això hi dominarien les representacions pictòriques més abstractes. Les figures exemptes, com les impròpiament anomenades *venus*, degueren tenir papers similars de representació de la mitologia per a ús de la població.

Al plistocè mitjà també correspon l'acumulació d'humans de la Sima de los Huesos, a la qual nosaltres atribuïm un origen antròpic, com a forma molt primitiva d'acumulació de cadàvers prèvia a la inhumació que es generalitza en el plistocè superior per part dels neandertals i dels primers humans moderns. L'enterrament d'*Homo heidelbergensis*, a la Sima de los Huesos, amb tres-cents mil anys d'antiguitat, és, ara per ara, la referència més arcaica que tenim de culte als morts amb un clar rerefons d'ideologia religiosa i creences místiques.

Des d'aleshores i fins a l'inici de la modernitat al segle XVI europeu, el pensament religiós i els seus mites s'han erigit en pensament únic i exclusivista que ha guiat i vigilat la interpretació del món, la psicologia col·lectiva i l'actuació humana. En el nostre món europeu i occidental encara es pretén ordenar la vida privada i pública dels ciutadans; més encara es fa en societats on el pes de la ciència i la intel·lectualitat és menor o, fins i tot, inexistent.

Els valors que defensen les religions, i que han estès en la seva expansió mundial, són justament aquells contraris al que nosaltres anomenem *humanització*. D'entrada, l'acceptació de l'estructuració vertical i jeràrquica de la societat i, en especial, de la religió mateix. El pensament i el «coneixement» emanen del cim jeràrquic com a interpretador dels textos clàssics que ordenen els valors i l'ètica. Els mateixos textos són concebuts i estesos per la jerarquia.

La jerarquia no admet el sentit crític tan necessari per a la renovació de la ciència. L'activitat científica també ha hagut de desmantellar històricament el criteri de veritat immutable i eterna que provenia dels valors religiosos, la veritat concebuda en els textos i que tant va entrebancar el treball de Galileu fins al punt de condemnar-lo i obligar-lo a retractar-se dels seus descobriments. Se'n desprèn que si la ciència vol avançar ha de defugir la recerca de la veritat.

La humanitat, progressivament, s'ha anat alliberant del dogma i ha anat construint la seva vida d'una manera no religiosa, tot i que pugui mantenir un nucli de creences transcendents. L'activitat de recerca i de coneixement, iniciada com a germen en les universitats medievals, està desplaçant els valors estrictament religiosos i mítics. De les institucions feudals de promoció del coneixement en deriven, al capdavall, l'astronomia de Copèrnic i la matemàtica i l'astronomia de Galileu.

Hi ha dos exemples històrics paradigmàtics de la lluita per la socialització del coneixement desvinculant-lo de les jerarquies: Galileu i Darwin. No hem de ser ingenus i concebre'ls com a persones singulars i soles en la seva lluita, en una lluita per un ideal. Defensaven fets tangibles: teories sobre l'univers i sobre la biologia en el marc d'unes relacions socials i econòmiques que els van fer servir de paladins. En el seu viatge a Roma per defensar el seu copernicanisme davant els detractors doctors de l'Església, Galileu va ser protegit diplomàticament pel seu patró, el gran duc de Mèdici, del qual era matemàtic. Després de nombroses sessions de defensa del copernicanisme, Galileu fou només amonestat i se'l va induir a deixar de defensar-lo. Si no se li va seguir un judici per part de la Inquisició, va ser gràcies a la protecció del patró; així es desprèn del fet que al mes de febrer de 1616, quan viatjà a Roma, els teòlegs consultors de la Inquisició van declarar estúpida, absurda i herètica la teoria copernicana i malgrat això només l'amonestaren. Com cita Antonio Beltrán al seu llibre *Galileo, ciencia y religión*, els teòlegs censuren la teoria en els següents termes:

> *Censura hecha en el Santo Oficio en Roma, el 24 de febrero de 1616, en presencia de los Padres Teólogos abajo firmantes.*
>
> Primera: El Sol es el centro del mundo y completamente inmóvil de movimiento local.
>
> Censura: Todos dijeron que esta proposición es estúpida y absurda en filosofía; y formalmente herética, puesto que contradice expresamente el sentido de muchos textos de las Sagradas Escrituras, tanto en cuanto al sentido literal de las palabras, como a la interpretación común y al sentir de los Santos Padres y de los doctores en teología.
>
> Segunda: La Tierra no es el centro del mundo ni está inmóvil, sino que se mueve como un todo y también con movimiento diurno.
>
> Censura: Todos dijeron que esta proposición recibe la misma censura en filosofía y que, en lo concerniente a la verdad teológica, es al menos errónea en la fe.

L'amonestació final a Galileu en aquest primer cas fou, segons Beltrán, consensuada al Vaticà, com una qüestió política, segurament per la personalitat del patró de Galileu i per la fama d'aquest mateix. Per tant, hi podem veure una tensió entre dues parts de la societat, no només entre un científic i l'Església. Els guanys de prestigi i econòmics que es podien desprendre de la nova situació feien que molts aristòcrates juguessin a retallar el poder de l'Església.

Galileu va acceptar l'amonestació de no continuar defensant la teoria copernicana i, com que no ho va complir, va ser finalment processat el 1633, procés en què les coses no li van anar tan bé. No podem, per tant, pensar en la independència de la ciència respecte de la societat. I no només això, sinó que hem de mantenir-la com a activitat social guanyada a les jerarquies que al segle XVII encara decidien sobre el que era o no era encertat en ciència sense entendre-hi ni un borrall: i és que, com assenyala Beltrán, entre els doctors teòlegs, evidentment, no n'hi havia cap que fos astrònom. L'ascendent que ha tingut sempre la religió és quelcom que s'ha de superar amb la implicació de tota la societat. Com Galileu, altres científics de primera línia, com Giordano Bruno o Miquel Servet, van ser processats per la Inquisició, i no pas tots van tenir la sort de salvar-se de la foguera.

El segon cas paradigmàtic és el de Darwin. El viatge de Darwin al voltant del món, en el qual concebé la teoria de la selecció natural, va ser una iniciativa de sectors econòmics interessats en l'explotació de nous territoris. Evidentment, aquests sectors estaven implicats amb les noves generacions de naturalistes. És notori que, en publicar-se la teoria darwiniana sobre l'origen de les espècies, una dama aristòcrata de la societat anglesa pronunciés aquella famosa frase: «Em fa por que el Sr. Darwin tingui raó, i si, finalment, és així, espero que mai ningú no se n'assabenti.» Per sort per a ella no n'ha transcendit la identitat. L'esperança que expressa en la segona part de la seva frase és típica d'una societat en què la ciència no està socialitzada i en la qual no existeix un ensenyament públic que faci la feina de transmissió del coneixement. En el fons expressa el seu desig que la ciència no sigui mai socialitzada, és a dir, que el planeta no s'humanitzi mai. Per descomptat, és l'antítesi de la nostra proposta.

La teoria de la selecció natural, com l'astronomia de Galileu, també va tenir el seu debat públic, molt més tranquil, sense l'amenaça de la foguera. Va ser a la biblioteca del museu de la Universitat d'Oxford, el 30 de juny de 1860, com relata Robert Kaspar al seu llibre *¿Cómo llegó al árbol la manzana? Tras las huellas de la vida*. El bisbe Samuel Wilberforce tenia ganes d'anihilar Darwin, tal com ell mateix va assegurar abans de començar la sessió. El problema és que cap dels qui van assistir-hi representant l'Església i les velles teories no s'havia pres la molèstia d'intentar llegir i entendre les idees de Darwin ni de documentar-se sobre les seves proves. No eren científics, i només pensaven a rebatre el darwinisme amb les úniques eines que coneixien i que havien desenvolupat al llarg de mil·lennis: la retòrica buida. Així fou com Thomas Henry Huxley, el més important combatent a favor del darwinisme, els va poder guanyar: aportant proves incomptables a favor d'unes teories que els altres ni tan sols coneixien. Darwin no era a la sessió perquè no es veia capaç de participar en el que ell va anomenar *teatre de micos*.

Kaspar relata d'una manera molt sarcàstica com en el seu torn inaugural Wilberforce no va aportar cap argument científic i, com dèiem, només va fer servir la retòrica per acabar dient: «Professor Huxley, tot i que vostè em voldria escorxar viu, voldria preguntar-li si pensa seriosament que prové del mico. I si la resposta és que sí, m'interessaria saber si el mico era de part de la família del seu avi o de part de la família de la seva àvia.» Per descomptat tota la banda de l'Església va riure d'allò més. Però Huxley tenia una resposta més bona i que havia de reconduir la discussió: «Si em fessin la pregunta de si prefereixo tenir com a avi un mico o un home de gran intel·ligència que utilitza la seva influència per ridiculitzar un debat científic seriós, aleshores, excel·lència, les meves preferències serien sense vacil·lar pel mico.» Però, evidentment, de debat seriós, almenys aquell no en tenia res. Tot i així, els darwinistes van poder demostrar la validesa científica de les seves idees mentre l'Església en sortia escaldada i una «lady», segons diu Kaspar, es desmaiava.

El relat de Kaspar és realment molt sucós i en suggerim la lectura directa, però també utilitza el cas per il·lustrar la necessitat, en paraules seves, «de l'emancipació» dels humans respecte de l'autoritat divina i eclesiàstica i de la necessitat de creences sobrenaturals. Només mitjançant aquesta emancipació es pot aconseguir la humanització.

L'alliberament de la ciència es va anar produint en el decurs del segle XIX. Tanmateix, es manté, fins al segle XX, com una activitat de «prohoms», d'aristòcrates i burgesos benestants. Al final del segon mil·lenni les classes populars van aconseguir fer ciència i, per tant, influir en el desenvolupament del coneixement i en la seva autèntica socialització. Els científics més populars del segle XX, com Einstein, eren originaris de classes treballadores i menestrals.

El cas d'Einstein, paradigmàtic per moltes raons, també ho és en aquesta qüestió. Va ser un gran divulgador de les seves teories, escrites en tot tipus de llenguatges per fer-les comprensibles a lectors, com nosaltres, no especialitzats en física. Va arribar a visitar Barcelona i, com assenyala Jordi Llovera, a *El Cafè Metropol*, a la seva conferència no s'hi cabia; el mateix Einstein va quedar desconcertat pel nombrós públic i esverat davant la possibilitat que a Barcelona tanta gent entengués de física. Però es va demostrar clarament que l'auditori no l'entenia i la mateixa crònica periodística de Josep M. de Sagarra es va dedicar a la qüestió social més que a la científica.

I és que la socialització de la ciència ha d'anar acompanyada forçosament de la formació pública dels ciutadans, de la socialització de l'ensenyament. A l'inici del segle XX van començar a estendre's al nostre país les institucions de formació per a classes populars, com la Institución Libre de Enseñanza i els treballs de Francesc Ferrer i Guàrdia. Aquestes iniciatives estan lligades quasi sempre al moviment anarquista i segueixen, moltes vegades, la mateixa sort. Així, Ferrer i Guàrdia va ser executat, tot i les protestes internacionals. Fins i tot recentment, en un acte d'homenatge a Barcelona, hi va haver dissidència per part dels polítics que segueixen tancats en les visions més fonamentalistes, primàries i primitives: l'ala dretana de l'arc polític no es va voler afegir a l'homenatge.

D'ensenyament n'hi ha hagut sempre. Els nobles de l'època clàssica i feudal han tingut sempre preceptors; també hi ha hagut escoles per a la formació de classes benestants que es poguessin permetre dos luxes: pagar l'ensenyament i perdre un braç de treball. L'ensenyament s'ha universalitzat molt recentment com una eina absolutament necessària per a la formació d'uns ciutadans progressistes, però ha de ser un ensenyament no fonamentalista. Cal aconseguir que cap infant no rebi una formació arcaïtzant, ja que és absolutament execrable la pràctica de fomentar i ajudar des de l'erari públic escoles de caire fonamentalista on s'ensenyen el respecte de la jerarquia i dels dogmes religiosos en lloc de formar en la ciència i la llibertat.

Aquests darrers eren els idearis que, al començament del segle XX, van fer créixer l'escolarització de les classes baixes des de l'anarquisme i, en general, des de l'esquerra. S'ha aconseguit l'alfabetització i que la majoria de la població pugui accedir a un ensenyament que li permeti tenir un criteri. L'alfabetització ha estat una de les polítiques més destacades dins el procés d'humanització durant el segle XX. L'escriptura va ser un art que havia estat en mans d'una jerarquia per al control i domini de les propietats dels temples a Babilònia, Sumèria i Egipte, és a dir, per al domini sobre el comú de la societat. Durant els darrers cent anys s'ha utilitzat com a mecanisme de socialització i de formació de tota la societat. S'està arribant a l'alfabetització total, que és un deure per als propers anys. Ara ja no és un art, ni pot ser-ho, sinó un mitjà de comunicació i de formació.

Tots aquests guanys s'han obtingut amb l'escola pública universal, mai amb les escoles privades, siguin laiques o, més sovint, eclesiàstiques. Per tant, la diferència de filosofia s'ha traduït en una diferència de resultats. Les tendències recents en direcció contrària, com la privatització de l'ensenyament o les subvencions a escoles fonamentalistes són pròpies de primats poc humanitzats, van en detriment de la humanització que s'ha aconseguit durant el segle XX.

La socialització de la ciència, iniciada al segle XVII, molt avançada al segle XX i que necessita un desenvolupament més fort en el futur, acompanyada de la socialització de l'ensenyament, un guany exclusivament del segle XX, pot permetre, definitivament, obrir les portes del futur, amb la llibertat i havent eliminat la jerarquia de la religió i el dictat del dogma com a font de pensament (no pas de coneixement, perquè només la ciència ha estat capaç d'un veritable coneixement). La religió i les jerarquies han anat sempre de bracet, per tant la humanització les ha de suprimir alhora.

Ara com ara, i malgrat tot, les societats actuals encara estan plenes de creences. No hi ha dubte que moltes cauran sota el pes del desenvolupament del pensament racional i de la seva aplicació a la producció d'energia. Com diu Roger Scruton, «potser la creença religiosa es convertirà, d'aquí a poc temps, en una cosa del passat; tanmateix, és més plausible que altres creences amb la funció, l'estructura i l'ànima de la religió omplin el buit deixat per Déu». I, en qualsevol cas, si algú vol, lliurement, decidir de creure, que ho faci, sempre que no denunciï algú que no ho vol fer i de la denúncia se'n segueixi l'execució d'algú o la seva manca de llibertat. La religió no serveix per organitzar la vida pública ni la gestió del coneixement i del benestar de la societat.

LECTURES

ANTONIO BELTRÁN MARÍ (2001), *Galileo, ciencia y religión*, «Serie Studio», núm. 146, Paidós, Barcelona.

CHRISTOPHE CHARLE (2000), *Los intelectuales en el siglo XIX. Precursores del pensamiento moderno*, Siglo XXI de España Editores, Madrid.

CLAUDE ALLÈGRE (2000), *Dios frente a la ciencia*, Península, Barcelona.

JACK GOODY (1990), *La lógica de la escritura y la organización de la sociedad*, «Alianza Universidad», núm. 632, Alianza Editorial, Madrid.

ROBERT KASPAR (1993), *¿Cómo llegó al árbol la manzana? Tras las huellas de la vida*, Akal, Madrid.

ROGER SCRUTON, *Filosofia per a persones intel·ligents*, «Biblioteca Universal», núm. 131, Empúries, Barcelona.

5. La medicina, filla dels déus, es torna contra ells

Un dels casos més clars de guany amb un procés de generalització d'un avenç tècnic modern és el de la universalització de la salut, que a casa nostra es va completar molt recentment sota la direcció del malaguanyat Ernest Lluch. Desgraciadament, com hem assenyalat amb relació a l'ensenyament, la doctrina ultraliberal actual amenaça de restringir-la. Pensem que serà, però, molt difícil fer marxa enrere en el que s'ha aconseguit al llarg del segle XX. En qualsevol cas, en el futur es comprovarà si el procés de socialització ha estat realment autèntic.

Ens queden molt poques restes arqueològiques que ens permetin documentar l'existència de pràctiques mèdiques en el passat remot. Per ser estrictes, ens hem d'apropar molt en el temps i situar-nos en les cultures neolítiques d'arreu del món per poder trobar les pràctiques de trepanació descrites en cadàvers andins o les pràctiques funeràries i curatives egípcies conegudes pels textos i per la imatgeria. La que es considera la medicina més antiga correspon a aquesta mateixa època: tenim nombrosos textos de l'antiga Babilònia en els quals es descriuen beuratges, curacions i pràctiques mèdiques amb un llenguatge escrit realment molt primitiu. En la *Historia de la ciencia* editada per Michel Serres podem llegir uns quants textos dels esmentats i adonarnos del caràcter i l'objectiu de la pràctica mèdica antiga, prèvia a la sistematització que els grecs van fer d'aquesta disciplina.

Si realment volem anar lluny en el temps, les evidències canvien molt. Del plistocè superior tenim les restes fòssils d'individus d'edat avançada als quals ens hem referit nombroses vegades: els vells de la Chapelle-aux-Saints i Shanidar. En el darrer d'aquests dos registres hi ha un indici força potent per poder parlar de medicina. En una de les sepultures del jaciment kurd, Shanidar IV, es van recuperar partícules de pol·len de diferents espècies de flors; unes són de colors molt vius, entre les quals destaquen les liliàcies i el seneci, d'altres tenen propietats medicinals i tonificants, com les aquilègies i centàurees. Aquest darrer grup és el que ara més ens interessa. ¿Es tracta de plantes medicinals només per a nosaltres? ¿O també ho van ser per als neandertals que hi van enterrar el seu company d'entre trenta i quaranta anys d'edat? Segurament per a ells també eren productes curatius que els permetien guarir petites afeccions.

És una medicina molt rudimentària, és la clàssica medicina popular de guaridors que ha estat escampada a totes les poblacions humanes en les seves dimensions més bàsiques però que se segueix mantenint amb una repartició molt jeràrquica i desigual en les possibilitats més potents. Eren molt pocs els individus que podien sobreviure més de trenta o quaranta anys en aquella època. En tenim molt poques dades, però són suficients perquè puguem plantejar una edat humana primitiva en la qual els coneixements de medicina s'aplicaven a pocs individus i, probablement, també eren patrimoni d'unes quantes poblacions i prou.

Deixem el plistocè per veure com la medicina que naixia en els imperis clàssics del Creixent Fèrtil seguia essent aplicada només a les classes aristocràtiques. Aleshores ja era una disciplina professional, sense res a veure amb el que acabem de comentar. Malgrat això, l'avenç tècnic i professional que s'havia produït entre ambdós moments històrics no havia canviat l'extensió social d'un guany que avui dia és tan bàsic. ¿Quantes vegades hem assenyalat, ja, que el naixement de qualsevol tècnica nova s'ha aplicat primerament d'una manera sistemàtica i exclusiva a reforçar la jerarquia i que només es generalitza passat molt de temps? La medicina ha estat històricament un exemple molt clar d'aquesta norma: en l'antiguitat va tenir un caràcter especial, envoltada de misteri, de mites i de divinitat, i en la Grècia clàssica va gaudir del segell diví, com una de les disciplines que els déus van ensenyar als homes. No va tenir mai un paper social i popular que igualés les poblacions humanes, sinó que en tot moment es va usar per separar encara més els sectors socials.

Les llegendes que envoltaven la medicina antiga no són res més que l'expressió d'un esperit i de desig de conservar-la sota control aristocràtic i no permetre'n l'extensió. Es mantenien en secret els guariments i fórmules, en alguns casos sota els auspicis dels santuaris. El paper de les autoritats religioses evitava també que es trenquessin les tradicions de transmissió.

Diuen que les medicines babilònica i egípcia havien aconseguit coneixements molt avançats que posteriorment es van anar perdent amb la desfeta de la cultura del Nil i la caiguda dins l'òrbita del món romà. En general, la saviesa antiga es va perdre en gran mesura amb l'esfondrament del món antic i l'establiment dels regnes feudals a Europa. La cultura d'aquests darrers era més arcaica i molt reticent a prendre exemple de pràctiques mèdiques pel sol fet d'haver estat auspiciades i conservades en temples i santuaris i practicades quotidianament amb fórmules màgiques creades per religions «impies»; havien de ser excloses de qualsevol possible influència en el fonamentalisme cristià. És perillós i contraproduent per al comú de la població que una pràctica es mantingui amb un caràcter mistèric. El mite permet que es pugui conservar i respectar en la cultura originària, però crearà una prevenció en qualsevol altre entorn cultural. El cristianisme va rebutjar les pràctiques mistèriques d'altres religions, però no ha evitat pas la pràctica d'una medicina popular mistèrica a partir de la seva pròpia mitologia religiosa; els guariments extraordinaris, l'aplicació de fórmules màgiques i situar-se sota els auspicis d'un determinat sant també han estat pràctiques que han acompanyat l'ús de plantes medicinals i guariments clàssics. Gran part d'aquestes tradicions ja existien en els territoris on s'implantà el cristianisme, el qual les va incloure com a mal menor per tal de facilitar la cristianització. Aquesta capacitat sincrètica no és exclusiva del cristianisme, també està present en altres religions majoritàries i, en part, contribueix a explicar-ne l'expansió.

En bona mesura i com en tantes altres qüestions, la ciència mèdica medieval va recuperar el coneixement de l'època clàssica a través de la civilització àrab, aleshores molt més oberta a la integració cultural i a la continuïtat amb el món antic a través de l'estudi dels textos clàssics que s'havien preservat a les biblioteques d'Orient.

Podem plantejar que si les pràctiques mèdiques haguessin tingut un caire més social, en lloc de mantenir-se com a activitats secretes i místiques, hauria estat més difícil perdre-les. Hem de recordar com va ser de difícil l'extensió i la recerca mèdica en el món europeu premodern, quan la salut, la higiene i la medicina eren molt restringides. Al capdavall, la medicina forma part de tota la recerca científica que s'intentava dur a terme en contra dels preceptes de l'església cristiana. Molts metges i guaridors van ser titllats de bruixots, i acusats de bruixeria i conduïts davant de tribunals de la Inquisició que els van trobar, massa sovint, culpables. La ratlla que separa el misticisme «oficial» del popular ha estat de sempre molt feble i difícil d'escatir.

El més destacable és que no es va permetre la recerca amb cossos humans fins molt més tard; el mateix que passa actualment amb l'enginyeria genètica aplicada als humans va succeir amb la medicina clàssica. No es permetia d'investigar amb cossos humans amb l'excusa del pretès caràcter especial i diví de la nostra essència. No podia ser que cap mà trenqués l'obra divina, ni que fos per guarir. Es tractava d'un escarniment flagrant de la dignitat humana. Ja veiem com són de recurrents aquests arguments.

Va ser molt difícil per a Miquel Servet establir la circulació sanguínia, només per posar un exemple. El mateix passarà per poder treballar amb cèl·lules germinals humanes per desenvolupar tècniques d'enginyeria genètica.

Amb el pas del temps, les pressions socials, els interessos econòmics i aristocràtics van fer, com en el cas de Galileu, que una part significativa de la societat fes canviar les pràctiques dels més fonamentalistes i que s'iniciés la medicina científica basada en el coneixement directe i empíric i no en l'opinió i el dogma. Cal fer sortir la medicina de l'obscurantisme i d'una comprensió mística i a voltes inexplicable del guariment. En bona part això s'aconsegueix amb l'extensió de la medicina a tothom, però també cal una cultura científica universal que eviti el misticisme i la creença en «miracles».

A partir de la modernitat renaixentista la medicina es va estendre progressivament a totes les capes socials. Les epidèmies modernes, amb els episodis successius de guerra, van ser un camp d'experimentació constant i de primera magnitud per a tots els metges i sanadors. Van ser determinants per establir una pràctica mèdica moderna i l'aparició dels primers hospitals.

El final del segle XIX i el començament del XX van ser el temps d'investigar les qüestions relacionades amb les infeccions i, en general, amb la higiene i desinfecció en hospitals i en tots els dominis socials. El control de les epidèmies va fer necessària l'extensió de la higiene a tota la població. En ciència s'ha fet clàssic l'exemple del metge vienès que no entenia per què al seu hospital es morien uns pacients molt concrets fins que es va adonar que el fenomen estava relacionat amb les intervencions mèdiques. El resultat va ser que va ordenar als seus col·legues que es rentessin abans i després de totes les intervencions i manipulacions. Les infeccions es van deturar i una investigació més aprofundida va poder descobrir els gèrmens, una forma de vida microbiana tan coneguda avui dia que els productes que l'ataquen són nombrosos. En aquell hospital de Viena va néixer la higiene moderna, la que està relacionada amb la ciència i la recerca i no pas amb la mística de la puresa.

El creixement demogràfic va posar en relació la necessitat de control higiènic i sanitari amb l'educació. Aquesta ha estat la base de la primera extensió social de la medicina i el resultat, malgrat els interessos de certs sectors, va ser la universalització de la sanitat i la cultura de la higiene en la qual els habitants del món occidental encara estem immersos.

La medicina és una disciplina que va néixer com una pràctica totalment selectiva i, fins a un cert punt, mística i que ha acabat en els darrers cent anys com una de les reivindicacions bàsiques i determinants que han exigit i aconseguit les classes populars i que ens fan caminar cap a la humanització.

Un cop aconseguida la sanitat universal, hem de pensar en l'extensió efectiva al tercer món. En aquest terreny, les tècniques més eficaces de l'enginyeria mèdica i genètica han de fer que es pugui dur una sanitat moderna arreu del món. L'enginyeria ha de posar-nos a l'abast una medicina que vagi directament a l'origen de moltes afeccions i que creï un banc de gens transformats per solucionar malalties que estan portant molts problemes a totes les poblacions humanes.

A més de solucionar malalties, l'enginyeria ha de permetre la solució de les desigualtats. Una de les funcions que ha de complir és evitar que s'usi en el reforçament de les jerarquies. L'eugenèsia és el perill que tothom tem i resultaria també la gran fallida de la nova tecnologia. En un moment històric en què es pot avançar cap a una humanitat plena, l'aplicació de l'enginyeria només per solucionar el desig d'alguns sectors socials que busquen fills d'un tipus molt determinat seria una ocasió perduda de fer de la tècnica un instrument per al benestar social generalitzat.

L'enginyeria no ha de perseguir l'eugenèsia ni solucionar capricis, sinó solucionar els problemes reals de la humanitat: la sanitat i les desigualtats. Un dels camps relacionats amb la medicina i l'enginyeria genètica, al qual ja ens hem referit, és el de la farmaderia, la implantació i reproducció de productes farmacològics en el cos d'animals domèstics que els podran produir en massa. Es tracta d'un mètode que ha de ser molt eficaç i barat, unes característiques que facilitaran la seva generalització a tota la humanitat com a estratègia adaptativa altament eficaç.

El descobriment del genoma és una altra porta oberta al futur, un esdevenidor tant científic com social. Els humans hem de mirar de no convertir exclusivament en una pantomima el gest propagandístic de Clinton i Blair —quan van anunciar en roda de premsa que el genoma no es vendria—, sinó procurar que es trobi la fórmula de portar l'avenç a tothom. La socialització de la medicina ha estat un fet durant el segle xx. El que cal ara és superar la distància que hi ha entre la sanitat que reben els diferents col·lectius socials i els distints pobles de la Terra. També cal que l'enginyeria no obri més distàncies allà on s'han reduït. Cal, sobretot, que no es torni a trencar la tradició d'una medicina, ara sí, efectiva i científica, no com la dels primers moments del seu desenvolupament fa milers d'anys al Creixent Fèrtil.

Aquella medicina va desaparèixer perquè era aristocràtica; l'actual, un cop generalitzada, és molt més potent i serveix molt millor el creixement i l'èxit de tota la humanitat. La medicina arcaica seguia la selecció tècnica més rància. L'actual, amb l'enginyeria, ha de practicar la selecció tècnica per modificar el codi genètic de tothom. No s'ha de caure en la política dels Estats Units d'Amèrica, on es prohibeixen algunes pràctiques de l'enginyeria en empreses públiques i les permeten en les privades. Aquesta selecció tècnica de caràcter arcaic és la que s'ha d'eliminar per fomentar la modificació i selecció en benefici de tota la població mundial.

LECTURES

MICHEL SERRES (ed.) (1991), *Historia de las ciencias*, Cátedra, Madrid.

6. La vellesa està de moda

L'última de les socialitzacions històriques a què volem fer referència és la de la consecució de la vellesa per part de tota la població. La intel·ligència operativa ja havia aconseguit que durant el plistocè superior hi arribessin almenys alguns individus de l'espècie *Homo neanderthalensis*. Per a aquell moment hem de parlar de selecció tècnica, que afavoria part de la població de certs grups. Ni tots els individus ni tots els grups humans no tenien al seu abast superar la barrera que imposa la selecció natural i la supervivència: aleshores, l'esperança de vida se situava entorn dels trenta anys d'edat.

Només la selecció tècnica, afavorida i impulsada pel procés tècnic, va ser capaç de donar als humans la possibilitat de sobreviure més enllà. El registre arqueològic que ens permet proposar aquestes idees és molt reduït i fa necessari esprémer al màxim jaciments de gran valor heurístic: és el cas de la cova de la Chapelle-aux-Saints, al Perigord francès; la de Shanidar, al Kurdistan iraquià, i la Sima de los Huesos, a Castella.

Per poder interpretar el passat demogràfic d'aquestes poblacions, els nostres col·legues antropòlegs han posat a punt una colla d'eines analítiques i estadístiques. Entre les primeres hi ha els criteris per a la determinació del sexe i l'edat dels individus. De les segones cal esmentar els tests estadístics posats a prova per explicar l'adequació de les corbes de mort a processos naturals, catastròfics o d'altre tipus.

La determinació del sexe es fa per les dimensions dels ossos principals, com el fèmur i l'húmer, i de les dents. Un segon criteri és la morfologia de certs ossos, com la pelvis, lligats estrictament al procés de reproducció i que, per tant, afecten especialment les dones. L'edat de mort se situa amb l'anàlisi de l'erupció dentària. Durant la infància i l'adolescència hi ha etapes molt marcades i conegudes en les quals es produeix l'erupció de certes dents fins a arribar a la maduració absoluta amb l'aparició del tercer molar, l'anomenat «queixal del seny». A aquestes característiques cal afegir el ritme, conegut, d'ossificació, és a dir, de maduració i fusió dels diferents ossos. Sabem també com es produeix el procés de maduració i fusió dels ossos del cap en els infants en el moment en què el cervell i el crani finalitzen el seu creixement. Havent assolit la maduració, la degradació de l'anatomia, la pèrdua dentària, l'artrosi i altres modificacions òssies són els criteris que ens permeten avançar una edat pel que fa als individus adults.

L'acumulació de morts de la Sima de los Huesos, amb una trentena d'individus abocats a l'interior d'un pou, ens permet plantejar una colla de qüestions. Hi ha pocs infants, probablement a causa de la mala conservació del registre; en el nostre equip considerem que el registre original havia de tenirne molts més, però que el pas del temps ens ha fet perdre els ossos més fràgils. El pic de mort es produeix entre els quinze i els vint-i-cinc anys i, finalment, tenim un grup molt reduït de gent que va morir més enllà dels trenta anys.

Hem detectat molt poques malalties o deformacions òssies entre els individus més vells, la qual cosa no ens permet parlar d'éssers d'edat gaire avançada. Aquest no és el cas del grup d'individus més joves, en què, entre els que tenien de quinze a vint-i-cinc anys, sí que hem trobat proves de malalties destacables. Així doncs, podem parlar d'un individu sord, d'un altre que tenia una infecció important al maxil·lar i un darrer amb una ferida remarcable en un ull. Només la infecció del maxil·lar va poder ser la causa directa de mort de l'individu que la patia, mentre que la sordesa va poder implicar una davallada de l'adaptació del segon individu que li impedís de sobreviure. En canvi, la ferida de l'ull no va implicar, sembla, cap disminució de les capacitats adaptatives de qui la va sofrir. Finalment, només hem d'afegir l'existència d'un crani amb nombrosos senyals de cops que no van causar, en cap cas, la mort de l'individu.

En la corba d'edat que observem a la població de la Sima de los Huesos constatem una mortalitat infantil que devia ser més àmplia del que hem observat inicialment, un punt àlgid de mort que correspondria a la franja d'edat compresa entre els quinze i els vint-i-cinc anys i una lleugera supervivència més enllà dels trenta anys. Tot plegat sembla que respon a una representació demogràfica natural, com la que podríem trobar en un cementiri; no hi ha l'eliminació de tota una població. El nostre company José M. Bermúdez de Castro ha assenyalat sovint que, si consideréssim tots els individus de la Sima com una població en vida, no hauria tingut èxit evolutiu, ja que hi falta gent.

Tampoc no veiem a la Sima de los Huesos cap individu senil que hagués sobreviscut amb mancances que impliquessin una pèrdua de la seva adaptació enfront de la selecció natural. És a dir, no hi ha ningú que hagués sobreviscut sense dents o amb artrosi, tothom va morir molt abans que es poguessin formar aquestes deficiències marcades pel pas del temps; la selecció tècnica no havia actuat encara per permetre supervivències d'aquest tipus. Recordem que ens trobem en ple plistocè mitjà.

Les malalties esmentades es van produir, en canvi, al plistocè superior i van implicar, almenys, els neandertals eurasiàtics. Dediquem-nos ara als altres dos jaciments esmentats més amunt: la Chapelle-aux-Saints i Shanidar. Ja n'hem parlat tantes vegades que per a nosaltres han acabat essent familiars tot i que no els hem visitat mai. És així perquè es tracta de registres excepcionals, epifenòmens a causa de la quantitat d'informació que són capaços de generar.

A la Chapelle-aux-Saints l'excavació es va dur a terme ara fa gairebé cent anys i amb mètodes molt arcaics, però que van ser suficients per determinar la presència d'un esquelet humà neandertal en una fossa excavada *ex professo*. Aquest esquelet es va trobar complet però presenta una sèrie de deficiències i deformacions atribuïbles a l'edat de mort, molt avançada. És el tipus de registre que no hem localitzat mai a la Sima: un individu adult senil, sense molars i amb els alvèols per a la inserció de les dents desapareguts per readsorció de l'os. També té artrosi als malucs i a les cames, la qual cosa l'obligava a caminar amb molta dificultat i encorbat. En aquesta cova no hi ha cap altre enterrament que ens pugui donar més informació sobre els costums dels habitants del Perigord d'ara fa uns cinquanta mil anys.

No podem sentir-nos, tanmateix, decebuts; una sola sepultura ens permet detectar una selecció tècnica que fa front a la selecció natural i fa sobreviure uns individus més enllà de l'edat de mort natural. La preparació de menges molt elaborades, líquides o mastegades per altres individus, li degueren permetre l'alimentació durant els molts anys que va passar sense dentició. I la configuració d'objectes de fusta com un bastó el degué ajudar a caminar; tot i que aquests efectes siguin d'elaboració molt senzilla, són suficients per complir eficaçment una funció concreta i simple però de gran abast evolutiu.

Shanidar va lliurar, a partir de 1957, un total de nou cadàvers de neandertals inhumats. Un d'ells, Shanidar III, tenia dues ferides d'instrument punxant: una en una costella i una altra al taló. Sembla que almenys aquesta darrera no es va produir en el moment de la mort. Hem de pensar, doncs, que va experimentar una recuperació parcial, la qual, tot i això, no va ser suficient per eliminar-li les molèsties en caminar.

El més interessant dels individus d'aquest jaciment és Shanidar I, al qual li faltaven els ossos de l'avantbraç i la part distal de l'húmer drets. La clavícula, l'escàpula i l'húmer, tots del costat dret, presentaven caràcters patològics que no van permetre el desenvolupament normal d'aquests ossos. Tenia, per acabar, una ferida al costat dret del front i una fractura a l'òrbita esquerra. Un individu molt masegat, com podem veure. Les darreres ferides que hem esmentat corresponen a problemes típics de la vida del plistocè; en canvi, les malformacions poden ser degudes a ferides o a una malformació de creixement. En qualsevol cas, es tracta d'un individu inservible en la vida natural quotidiana si no és que formava part d'una comunitat amb una bona xarxa social en la qual jugava un paper destacat.

Sigui com sigui, el «vell» de la Chapelle-aux-Saints i aquest de Shanidar ens indiquen la supervivència de gent més enllà del que permet la selecció natural; la selecció tècnica es va posar en marxa al plistocè superior per permetre una llarga vida a individus molt concrets. No hi ha una generalització de la senilitat en el plistocè.

La possibilitat que tothom pugui arribar a la senilitat és un fet històric molt recent. L'emergència de l'anomenada *tercera edat* és un fenomen que s'ha produït en les darreres dècades del segle XX en l'entorn d'un món tècnicament avançat. La universalització de la medicina i la potencialitat d'una tècnica que ens permet crear suficients recursos per mantenir una part molt gran de la població inactiva són dos elements més que ens condueixen cap a la humanització per la superació dels esculls de la selecció natural i de la selecció tècnica —d'origen antròpic primitiu i que afavoria exclusivament una part de la població.

Entre el registre neandertal del plistocè superior i la socialització al segle xx tenim un registre important d'individus senils històrics que corresponen, sempre, a la jerarquia dominant. Tenim casos excepcionals de senilitat en el món antic mediterrani. Ens hem de fixar, així, en el faraó Ramsès II, anomenat el Gran. Va superar els vuitanta anys de vida, la qual cosa va possibilitar que fos el constructor més pertinaç i productiu de la seva època. No tenim, per compensar, registre d'esclaus o artesans que hagin arribat, ni de lluny, a edats similars.

En l'evolució humana sempre hi ha hagut un primer estadi en què els avenços estan restringits a l'ús i gaudi de les jerarquies dominants, cosa que ha mantingut i engrandit les diferències amb les classes dominades i ha perpetuat les desigualtats que ja hi ha en totes les societats animals. Es donen, però, molts casos en què, passat el temps, els avenços es posen a l'abast de tothom i es trenca així la dinàmica de la selecció tècnica.

La humanització es produeix, justament, en aquests moments de socialització. A més d'instaurar estratègies típicament humanes perquè són tècniques, reforcen la humanitat per la introducció d'una organització exclusiva dels humans: la solidaritat i la socialització.

Amb la possibilitat d'assolir la vellesa cloem l'apartat dedicat a les grans conquestes socials amb les quals hem volgut mostrar l'èxit evolutiu i organitzatiu que han suposat per a les espècies humanes la socialització dels guanys tècnics, quan aquesta s'ha produït. A partir d'aquí obrim la reflexió del que pot ser el futur de la humanització comptant amb la socialització de la tècnica i la consecució d'una nova forma d'organització social més horitzontal. La tècnica de l'enginyeria genètica, si la nostra societat camina realment cap a la humanització, no ha de patir les dues fases d'implantació de les novetats que hem referit en tots els aspectes discutits en aquest apartat de la socialització en la història evolutiva.

TERCERA PART

Guanyar el futur per la socialització de la tècnica

1. La ciència: el gran projecte humà

Que esdevingueu com són els déus, vosaltres (car jo, per dins, he esdevingut un home), és escaient proporció; de bèstia, jo un home; déus vosaltres, que sou homes; així potser moriu, en despullar-vos de l'humà, per ser déus —mort desitjable, malgrat les amenaces, si no us porta cap cosa de pitjor i només tal canvi.

MILTON, *El paradís perdut*, «Cant IX»

Els humans som animals que s'han desenvolupat i evolucionat a la Terra seguint les mateixes lleis de qualsevol dels éssers de la biosfera. Al tercer mil·lenni podem expressar aquesta idea d'una manera crua i directa, sense necessitat de circumlocucions ni explicacions. Conté, tanmateix, conceptes que han estat molt difícils de proposar històricament i que especialment han estat difícils de fer acceptar. Ha costat sang reduir els humans a un ésser més, despullant-lo del caire diví que li havien atribuït els idealismes mítics i religiosos. La proposició ha exigit que, paral·lelament, es modifiqués la manera en què llegim, analitzem i interpretem el món que ens envolta.

Ens ha estat necessari canviar el pensament mític, que neix en la prehistòria profunda, pel coneixement científic nascut d'un part difícil al segle XVI. També ens ha calgut crear una professió científica i atorgar-li un caràcter independent i social i subvertir a les normes de decisió en el camp de la recerca per evitar que el pensament religiós fonamentalista seguís influint en la presa de decisions.

El naixement de la ciència com a eina social i econòmica va ser l'ànima d'una transformació social revolucionària que ja té cinc-cents anys. Enrere han quedat les prohibicions d'estudiar el cos humà que impedien trobar solucions a moltes malalties i que, sobretot, feien inviable una ciència humanista. Són del passat les fogueres amb què es castigà els Giordano Bruno i Miquel Servet o s'amenaçaren Galileus i Copèrnics. Afortunadament, podem dir. Però van caldre la seva actuació, la seva tossuderia, la necessitat de coneixement i, no ho oblidem, el sentit pràctic i eficaç que per a la societat mercantilista estava prenent la nova ciència.

Per trobar l'origen del pensament mític, que aleshores s'estava esquinçant, hem d'anar lluny en el temps. No ens podem deturar en la Grècia clàssica, on el mite fomentà l'ordre establert de classes dominants i esclaus dominats. Un món en què la ciència naixent també ajudava, amb una nova eina, a la dominació en crear la noció de cosmos, que tant ha criticat Alexandre Koyré en el seu llibre *Estudios de historia del pensamiento científico*.

No parlem tampoc del neolític en què s'iniciaren les relacions marcades de propietat. Ni tan sols ens referim al món dels grans caçadors de l'època glacial europea que deixaren el seu pensament mític sintetitzat en santuaris com el d'Altamira, del qual s'ha fet recentment una nova musealització. Hem d'anar més enllà. Hem d'arribar al món del plistocè mitjà i de l'espècie *Homo heidelbergensis*. A *Planeta Humà* vam descriure el descobriment als Alts del Golan d'una figureta de basalt que representava molt toscament una imatge humana i la interpretació del conjunt arqueològic de la Sima de los Huesos com una primitiva forma d'enterrament.

La figuració del món i la creació d'un món dels morts són dues formes per les quals deduïm l'existència d'un pensament abstracte sobre l'existència humana i, en definitiva, la construcció d'un cosmos primitiu. La primera interpretació del món té tres-cents mil anys. El pensament mític que s'ha encarregat de l'organització del món i de la societat és molt vell.

D'aquí han derivat totes les religions històriques i les que avui dia es practiquen. Totes tenen la mateixa base: formes d'interpretació i d'organització i homogeneïtzació del comportament social a través de la moral que se'n deriva.

El canvi revolucionari que trencà l'ordre còsmic prehistòric es produí al segle XVI tot i que s'estava gestant des de molt abans com a reacció contra l'encarcarament que suposava el pensament i el poder escolàstic basat en la interpretació aristotèlica. L'inici i part del fons de la revolució està explicitat en la famosa novel·la *El nom de la rosa* del lingüista i epistemòleg italià Umberto Eco.

El nom de la rosa significa el canvi que exigeix la racionalitat humana estacada per l'ordre mític i que vol superar aquest domini. És l'exposició novel·lada de la introducció primerenca del pensament científicoracional durant el segle XIII en el camp d'actuació preferent de l'expressió mística: la lluita de Guillem per imposar explicacions racionals enfront d'altres de la jerarquia inquisitorial que eren volgudament mítiques i obscurantistes. S'exemplifica amb la història d'un llibre prohibit d'Aristòtil, un símbol que condensa tot allò que el pensament mític cristià odiava. Però, sobretot, odiava la creació de coneixement nou, deslligat de l'exegesi i de l'escolàstica. Guillem, en contra d'això, es forma un criteri propi, genera coneixement. Per arrodonir la lluita entre els dos sistemes de comprensió, en la recerca del coneixement i del llibre, el protagonista mostra aquella passió que els seus adversaris només accepten per al trànsit místic. Tot plegat genera una forta contradicció i la tensió d'un canvi profund que camina vers la revolució científica del segle XVI.

Tal com Umberto Eco intenta il·lustrar, no ha estat fàcil el camí de l'aprenentatge social que ha portat fins al punt que una minoria social ens preocupem d'una manera especialitzada per la ciència. Des de les preguntes seminals que els naturalistes grecs feien sobre l'origen de les coses fins a la ciència actual han passat vint-i-quatre segles: ha plogut molt. Les ciències bàsica i experimental ens han dotat de teories i aparells per analitzar el passat i el present i ens han subministrat mecanismes objectius per entendre qui som.

Tampoc no és fàcil saber per què alguns homínids hem arribat a la conclusió que el millor camí per a nosaltres és el d'aspirar a fer contribucions al coneixement. Ningú no neix científic, és una afirmació objectiva. Ara bé, sí que és cert que hi ha humans que esdevenim científics; preguntar-nos sobre allò que ens envolta ens motiva a buscar respostes sobre qui som i què sabem i això, finalment, ens condueix a l'anàlisi, i de l'anàlisi passem a la ciència. Desgraciadament, ni mitjançant el mètode científic som capaços d'explicar aquestes fenomenologies; només us podem assegurar que això succeeix.

El més important, però, és definir la ciència per arribar a entendre la raó del seu ús sistemàtic. El pensament abstracte, que comencem a desenvolupar a partir de la primera capacitat de producció d'instruments fa més de dos milions i mig d'anys, es va perfeccionant al llarg del temps fins a arribar a la seva concreció en el simbolisme i en la capacitat teòrica de l'anàlisi de què fem, com ho fem i per què ho fem.

No hi ha dubte que la descoberta de noves formes d'adaptació extrasomàtica permet una formidable resolució pel que fa als homínids. En un medi on tot està sotmès a la selecció natural, l'emergència de la selecció tècnica fa que varïi tota l'estratègia. La repetició d'actuacions encaminades a l'obtenció de més energia amb menys esforç és responsable d'un aprenentatge de base sobre el qual s'aplicaran models de pensament que s'aniran engrandint amb el transcurs del temps. El pensament abstracte sorgeix com a necessitat d'explicar els fenòmens que no tenen una explicació racional per manca de metodologia. D'aquesta manera, es fusiona l'experiència concreta de la realitat amb les abstraccions fetes per preveure els processos que més tard seran contrastats per les diferents aplicacions.

La ciència ens humanitza en la mesura que ens situa en una realitat menys simbòlica i que permet una explicació dels nostres factors d'hominització i d'humanització. La ciència explica els nostres processos homínids i ens ubica en una dinàmica constructiva com a realitat viva i contingent. Però, potser el més important és que la ciència ens permet canviar la realitat quotidiana i transformar les nostres formes seculars d'adaptació.

És en el marc de la dialèctica concreta on podem reconèixer les noves formes d'intervenció humana. La ciència forma part del pensament especulatiu i pràctic de les societats històriques. El gran salt es produeix quan la ciència passa a ser un coneixement social i aplicat; entra d'una manera objectiva a formar part de totes les accions i es converteix en un mecanisme cada vegada més dinàmic i més transformador de les relacions humanes. És així que, com ja hem dit abans, actua com a mecanisme d'humanització. El gran combat actual està situat en el control de la capacitat de transformació de les societats, que es pot propiciar des de la perspectiva d'una ciència omnipresent i fracturadora de la selecció natural.

El desenvolupament de la ciència per mitjà de l'aplicació tècnica ens ha anat fent conscients del nostre entorn i de les nostres relacions; en la mesura que s'ha produït aquest procés ha aparegut una nova capacitat. Des que tenim una tècnica ben desenvolupada i, per tant, consciència, ja no ens fem humans per atzar sinó que és la lògica de les nostres actuacions la que és a la base de la nostra ulterior adaptació transformadora. Els científics anem deixant de ser unitats isolades de treball i es va generant una consciència universal del paper de la ciència i dels seus creadors molt més enllà del que mai cap ésser viu a la Terra hagi pogut creure. L'acceleració que representa el coneixement científic pot trencar les parsimònies del temps natural.

La ciència i la seva realització estan esmicolant la realitat històrica i social i ens ofereixen una nova visió articular dels homínids. Tot això ha posat en crisi els valors aparentment consolidats que, en realitat, eren febles estructures del pensament especulatiu i seminal.

Lluny dels interrogants de la Grècia clàssica, la realitat científica com a vector de creixement i comprensió dels fenòmens s'està desenvolupant exponencialment, i deixa enrere per poc pertinents les preguntes sobre l'origen. Més que una filosofia, l'actual comportament humà desenvolupa una contínua capacitat de descobrir i aplicar, i és en la seva aplicabilitat econòmica i transformadora del món i de les formes de vida humanes on hem de buscar l'efectivitat del canvi revolucionari iniciat al segle XVI.

La responsabilitat d'*Homo sapiens* no pot ser compartida per cap més espècie. La intel·ligència operativa és únicament humana. Estem sols i, en aquesta soledat, només una societat del coneixement científic és capaç d'articular el futur. En el moment en què l'aplicació de la ciència pot transformar el funcionament parsimoniós de la biologia, ha de quedar molt clar que, com a consciència planetària, els primats humanitzats som responsables del que passi.

En aquesta estratègia constructiva té raó el gran científic Theodor Dobzhansky quan afirma sobre l'home en evolució: «L'home ha estat dotat no d'una moral i d'uns valors, sinó de la facultat d'adquirir-los. Els valors són producte de la seva cultura, i no del seu genotip.»

Efectivament, hem de deixar de banda les postures defensives que ens allunyen de les responsabilitats reals del nostre procés evolutiu, i consolidar una forma d'actuació veritablement humana. Consciència crítica per mitjà de la socialització del coneixement aplicat a la nostra autotransformació, consciència crítica com a pràctica d'humanització. La ciència és la part més poderosa i consistent del nostre procés evolutiu. És ara per ara l'única possibilitat d'arribar a saber qui som i d'on venim.

Per desenvolupar d'una manera crítica i amb possibilitats reals de transformació solidària i humanitzadora les capacitats de coneixement, s'ha de substituir el pensament mític nascut a l'època d'*Homo heidelbergensis* i fet patent a l'acumulació de la Sima de los Huesos (Sierra de Atapuerca). El mite i la religió han lligat de peus i mans durant molts mil·lennis la producció científica per activa i per passiva. En primer lloc, generant un sistema conceptual d'un cosmos ordenat amb un ordre superior i un d'inferior, amb l'expansió d'una moral de submissió i, en segon lloc, atorgant poca resolubilitat i contingència a una actuació humana que, per definició, estava sotmesa a la tutela de la divinitat, de la qual eren dipositaris els estaments i les classes dominants: aristòcrates o burgesos, tant li fa.

Els humans hem de superar la tutela divina que hem inventat com a gènere i que ens ha dominat a molts com a classes desheretades. Mitjançant la ciència hem de seguir el camí de la socialització d'altres territoris de l'actuació humana per aconseguir la plena humanització. Recentment hem substituït ja la tutela divina per una de naturalista, segons la qual la natura, com a ordre preexistent a nosaltres, no pot ser alterada. També hem d'anar més enllà i superar aquest altre domini. La natura pot ser modificada, dins d'unes regles, i no podem seguir secundant idealismes. No només pot ser modificada sinó que la natura és canvi constant. Nosaltres, com a humans, som lliures de qualsevol tutela i hem d'administrar la llibertat en els seus dos caires: en el de possibilitats de moviment i en el de responsabilitat. La ciència, la racionalitat i la solidaritat entre totes les poblacions humanes són les úniques guies acceptables.

La pràctica de la primera tecnologia de la pedra fa dos milions i mig d'anys va ser un salt evolutiu que ajudà a generar en nosaltres una intel·ligència operativa de la qual és hereu el pensament científic actual. L'aparició de les mitologies, com a explicacions còsmiques del nostre paper al món, i del seu ordre també fou un guany evolutiu produït ara fa, almenys, tres-cents mil anys. El tercer salt evolutiu, de dimensions igualment transformadores, ha de ser la substitució del pensament mític tutelador pel pensament científic que començaren a elaborar els grecs, però que s'ha mantingut sota tutela fins avui.

La independència de l'estratègia humana, per ser efectiva, ha d'anar acompanyada de la socialització del pensament científic. Això significa que s'ha de superar la contradicció que hi havia en el naixement de la ciència moderna al segle XVI. Aleshores, el que empenyé definitivament el trencament del domini religiós sobre el pensament van ser el sentit pràctic i les potencialitats econòmiques de la nova eina. S'ha vist, en el transcurs d'aquests cinc-cents anys, que es tracta d'un ordre que pot ser igualment mesquí si no elimina les desigualtats socials sinó que, ben al contrari, com ha passat amb tots els guanys evolutius, les incrementa.

La nova revolució ha de ser, doncs, la de la socialització del coneixement, que ha d'introduir la solidaritat per eliminar les tuteles, no pas en benefici d'unes classes socials emergents, sinó per aconseguir el benestar universal i la màxima eficàcia com a espècie, en el mateix sentit que les altres socialitzacions històriques que hem comentat. La ciència socialitzada ha de generar una moral lliure i una societat horitzontal i no jeràrquica mitjançant l'extensió i aplicació socials del coneixement científic.

La societat jeràrquica arcaica és com el cosmos dels grecs i de l'època medieval. Al segle XVI es conceptualitzà un univers sense centre ni perifèria, sense posicions predominants. El cosmos grec era una idea extreta de la realitat social del moment, perfectament ordenada i jerarquitzada. Fem ara al revés: introduïm la noció d'univers que tenim per al món físic al món social. Fem-lo horitzontal, sense centres ni perifèries, i introduïm-hi la ciència i la tècnica com a eines per aconseguir trencar definitivament amb la prehistòria del pensament i de la societat. És una responsabilitat que tenim tots perquè ens obri les portes del futur i de la humanització.

LECTURES

ALEXANDRE KOYRÉ (1977), *Estudios de historia del pensamiento científico*, Siglo XXI de España Editores, Madrid.

F. DOBZHANSKY (1966), *L'homme en évolution*, Flammarion, París.

GILBERT HOTTOIS (1991), *El paradigma bioético: una ética para la tecnociencia*, Anthropos, Barcelona.

JOST HERBIG (1996), *La evolución del conocimiento: del pensamiento mítico al pensamiento racional*, Herder, Barcelona.

2. Ètica passada la frontera

En la singular situació en què em trobo, dec massa a la veritat perquè pugui deure més a qualsevol altra cosa.

JEAN JACQUES ROUSSEAU, *Les confessions*

Els homínids del segle XXI estem traspassant la frontera del coneixement essencial i com a conseqüència hem iniciat el camí de l'alliberament respecte de la nostra animalitat i de l'emancipació de les tuteles de tantes divinitats com hem anat creant. Les pautes i morals que han guiat el nostre aprenentatge per fer-nos humans s'enfonsen l'una darrere l'altra i la confusió comença a fer forat fins i tot dins de les ments més lúcides i crítiques. La por, el pànic —també la incapacitat— fan acte de presència davant del que era desconegut i dia a dia deixa de ser-ho.

El nostre comportament tècnic ens empeny amb força cap a la presa de decisions que de ben segur ens han de fer humans. Les morals establertes pels pensadors hereus dels mons mitològics han quedat obsoletes; les guies espirituals no serveixen i les receptes protectores han sucumbit sota l'envestida de la força tecnològica; en aquest context, el Dalai Lama parla d'una nova religiositat en el seu llibre *Una ètica per al nou mil·lenni*, un intent idealista de tornar a sotmetre els homes i les dones a vells preceptes orfes d'objectivitat.

Com ja ha succeït històricament, dues visions de la humanitat s'estan enfrontant: el materialisme de base racional i l'idealisme. En aquesta ocasió, la situació objectiva és molt problemàtica ja que els avenços tècnics i la ciència d'arrel materalista s'han desenvolupat tant que ja som capaços de començar a transformar la nostra estructura genètica, una mena de repte contra totes les lleis de la naturalesa.

Ara moltes veus reclamen que ja tenim prou capacitat per comprendre que o fem avançar els plantejaments del racionalisme tècnic i crític o ens abocarem altra volta al platonisme més devastador i irracional. Segons quina sigui la forma de pensar guanyadora, ens situarem en un món més humanitzat, on la selecció tècnica serà al centre de les transformacions, o ens instal·larem en el retard secular que ens suposa un llast a l'hora de deixar enrere la nostra animalitat i el nostre comportament primat més essencial.

Per il·lustrar el que diem —i sense cap pretensió de fer un discurs essencialista—, podríem analitzar l'edat mitjana. Veurem la minsa aplicació de la tècnica durant aquest període i ens adonarem que pràcticament es manté al mateix nivell de la Grècia clàssica; l'explicació l'hem de cercar en la responsabilitat que té la pervivència d'un pensament en el qual la metafísica és el fonament de l'acció pràctica de la vida humana. El discurs d'Aristòtil, en mans de religions i de creences atàviques, acaba destruint d'una manera estructural la capacitat de progrés del primer i de part del segon mil·lenni de la nostra història.

A part de la filosofia i la moral, que subjauen a tots els plantejaments socials feudals, ens trobem amb delimitadors clars i potents en l'estructura econòmica i productiva dels temps medievals. Trencat el dinamisme i el comerç a llarga distància, intens i bàsic, de l'imperi romà, l'autarquia productiva s'instal·là a Europa. Només subsistí el comerç de productes exòtics introduïts per la famosa Ruta de la Seda. La pèrdua de comunicació econòmica i la fragmentació territorial i social conduïren a una pèrdua paral·lela dels camins i vies antics. Moltes de les grans estructures viàries i de comunicació, com els ponts i els ports, van desaparèixer o van quedar reduïts a la mínima expressió. Tot ajuda en la reducció de demandes tècniques i solucions d'enginyeria, molt comunes en l'època romana antiga.

L'instrumental del camp pràcticament no varia des de l'inici de l'antiguitat. L'agricultura de la península Ibèrica es va beneficiar de la presència àrab i del manteniment en el seu món d'algunes tècniques antigues que van ser millorades i ampliades per la civilització d'Al-Andalus. Ens referim als sistemes de reg i a tota l'enginyeria relacionada amb la captació i l'aprofitament de l'aigua. Tanmateix, es tracta de qüestions de baixa incidència en la ciència i la tècnica generals.

Per sort, el discurs transformador, que ens ha humanitzat des de fa dos milions i mig d'anys, s'ha enfortit en els darrers decennis i, ara com ara, ningú no preveu que això pugui canviar. La tècnica pot fer una gestió controlada dels recursos biòtics i abiòtics com cap altre instrument mai no ho havia pogut fer. És per això que l'articulació de les relacions socials han de passar per la capacitat de decidir sobre les bases que d'una manera objectiva ens humanitzen. Les relacions socials i tècniques han de ser assumides per tota la comunitat no com una qüestió ètica sinó com una realitat bàsica del nostre funcionament.

La frontera que estem depassant en l'actualitat és la que ens farà humans; les decisions que es prenguin s'han de basar en criteris integradors. La lluita contra l'homogeneïtzació del comportament humà ha de ser en els fonaments de tots els plantejaments de comportament, ja que és una forma de gregarisme, una actitud etològica que permet les jerarquies que imposen formes de societat poc sofisticades i acrítiques. Els comportaments gregaris són molt comuns en l'etologia animal complexa. Des d'Aristòtil els coneixem com la base del cos social de moltes espècies. Parlem d'una estructura perfectament jeràrquica on els individus dominants marquen el moviment i l'estratègia del grup. Moltes vegades s'han documentat actituds de submissió de ximpanzés vers el mascle o la femella dominants. En aquests comportaments no hi caben ni la discussió ni el criteri propi ni la innovació, tres qüestions que els humans, ben contràriament, hem d'estimar profundament com la vida mateixa, ja que lligades a la llibertat de decisió i a l'ensenyament, ens condueixen a la plena humanització.

Ara és el moment de decidir sobre la nostra capacitat per construir i per destruir, ja que podem entrar en estratègies d'àmbit planetari extraordinàriament transformadores. El nostre criteri ha de ser la socialització de la tècnica i de la capacitat de competència del gènere *Homo* mitjançant la seva espècie supervivent, *Homo sapiens*, possiblement la darrera que deu haver aparegut d'una manera natural segons les lleis establertes per Darwin.

Les nostres properes respostes de comportament social les hem d'extreure de la substitució de la competitivitat per la competència, i de la tecnociència i les seves possibles articulacions socials. L'adopció dels avenços tècnics com a elements d'humanització gràcies a la seva socialització ens portaran cap a una nova forma d'estructurar-nos. A més, la lluita per la incorporació de la competència col·lectiva en la formulació de programes de futur és una garantia necessària si volem que la dicotomia hominització-humanització no destrueixi la construcció de l'ésser humà planetari del futur.

Les respostes no fonamentades en el poder transformador de la societat humana no són vàlides, tot i que poden oferirnos un marc d'entesa i comportament que ens humanitzi.

Hem de pensar —i ho hem repetit moltes vegades— que ens hem anat fent humans gràcies al nostre comportament competitiu; aquest ens ha fet cruels, però ens ha permès sobreviure a la «crueltat» de la selecció natural: la nostra selecció tècnica és una conseqüència de l'adaptació de la intel·ligència operativa.

Som al segle XXI; aquest nou segle del tercer mil·lenni ha de ser el del canvi de totes les formes d'organització de la intel·ligència operativa. Les decisions que no es prenguin ara seran un llast massa pesant per al futur de la humanització. El desenvolupament que els humans ja hem aconseguit ha de venir sota el guiatge de nous plantejaments per assumir la tècnica com la realització social i col·lectiva més transcendent; sense una concepció d'aquest tipus serà molt difícil prosperar com a entitat biològica que s'està resocialitzant més i més a causa del seu comportament tècnic.

Quan avancem pel camí de la humanització hem de fer-ho trencant l'ús jeràrquic de la tècnica, selectiu i primitiu. La societat basada en la tècnica i en la ciència ha de bastir una ètica que no accepti la jerarquia, que es basi en la llibertat per a la creació de criteris que eliminin el gregarisme. Tampoc no pot acceptar l'idealisme de proposicions que pretenen discutir i establir una essència de la realitat humana i ecològica immutable. Seguint Heràclit d'Efes, cal que s'aconsegueixi introduir la idea segons la qual la natura i la humanitat han estat sempre subjectes de canvi.

Els idealistes del segle XIX no volien acceptar el materialisme implícit en les idees de Darwin perquè trencava la imatge divina de la configuració de l'espècie humana, concepció immutable heretada d'un temps perfecte i ideal que el coneixement, és a dir, el «pecat original», havia desfet.

Aquest pretès pecat original, responsable per als idealistes cristians de la nostra expulsió del paradís, no és altre que el coneixement i la tècnica, dues de les característiques més pròpiament humanes, que més ens han ajudat en el nostre èxit evolutiu i en la nostra extensió pertot arreu. Els jerarques religiosos que van redactar els llibres ja sabien el que es feien; eren perfectament conscients que si tothom podia accedir al coneixement i a formar-se un criteri basat en una formació universal, es perdria la fe; és a dir, ells perdrien el seu domini.

El coneixement i la tècnica ens obren el camí del futur establint una nova ètica que ha de trencar els atavismes i les tuteles i que ens emancipi. L'ésser humà ha de construir el seu futur i ha d'entendre que l'univers és canviant i que els humans en som la consciència. El que hem de fer és organitzar-lo.

Les visions idealistes d'un món feliç i paradisíac són les responsables dels conceptes recents segons els quals els humans som una xacra per al món i que el que cal fer és reduir el nostre impacte tècnic que està podrint el planeta. Són idealismes asocials i antihumans: el que s'ha d'imposar és un ús racional i humà de la tècnica, no competitiu sinó competent. Si fem cas dels cants de sirena i aturem la tècnica ens trobarem amb una nova alienació: mentre el comú, les classes no dominants, accepta aquest discurs i atura el creixement tècnic, d'altres, les classes dominants, mantindran el creixement perquè forma part dels seus interessos. Com sempre, com ha passat en el decurs de tota la història, ens hauran fet creure en idealismes mentre una minoria s'aprofita de tot el potencial que ens ha donat l'evolució.

Per aconseguir la humanització, per arribar a socialitzar la tècnica, perquè es prenguin decisions que ens interessin i ens beneficiïn a tota la humanitat, s'han de trencar les jerarquies que fan valdre només els seus interessos i s'ha d'imposar una nova ètica que ens emancipi de les tuteles. Una ètica materialista, basada en el coneixement de la història humana i de l'evolució i no només en consideracions idealistes preconcebudes i sense base empírica ni científica.

3. La darrera resocialització

A *Planeta humà* asseguràvem que calia substituir la selecció natural per la selecció tècnica. El missatge volia ser clar: la selecció natural es basa en la competència dins i fora de les espècies, un procés que en el nostre llegat com a humans ha integrat el comportament social, la jerarquització de les relacions, l'organització complexa, uns trets que compartim amb tots els primats. Però també ha generat la consciència, el coneixement, la capacitat intel·lectiva i comprensiva, el llenguatge i, finalment, la intel·ligència operativa, unes característiques que són, almenys les darreres, exclusivament nostres. Vam proposar que la intel·ligència operativa és, potser, el tret més definitivament humà i que ens ha permès sostreure'ns a l'acció de la natura, de la selecció natural. El desenvolupament de la ciència, com a evolució conjunta del llenguatge, la capacitat intel·lectiva i l'operativitat, ha generat la medicina, la cirurgia, la genètica, tot d'avenços tècnics i teòrics que eviten la mortalitat infantil natural, que curen malalties letals, que ens allarguen la vida i que, en el futur, podran modificar la informació del nostre genoma que produeix malalties hereditàries de conseqüències greus.

Només l'aplicació de la tècnica pot aconseguir eliminar malalties com l'Alzheimer. ¿Per què la selecció natural no ho pot fer? Senzillament perquè és una malaltia que apareix a una edat molt avançada, quan els individus ja s'han reproduït i han llegat a la seva descendència els mateixos gens que provoquen la degeneració en arribar a la senilitat. Tota deficiència genètica que no es manifesti abans de l'edat fèrtil no pot ser eliminada per la selecció natural. Es diu que són opaques a la selecció. Per això, només la tècnica hi pot donar solució, amb la modificació genètica.

Gràcies a l'anàlisi del passat hem vist actuar la selecció tècnica en la supervivència d'individus neandertals, en l'origen de l'emigració de les primeres poblacions humanes cap a Euràsia i en la curació de persones de classe dominant davant de la manca d'assistència a les altres. La selecció tècnica permet superar la natural i en aquest sentit és quelcom estrictament humà. Però no és humà que estigui al servei del manteniment i del reforçament de les jerarquies, una forma d'organització heretada del comportament primat.

És evident que la selecció tècnica és un recurs que tenim els humans, una forma adaptativa que ens permet un èxit evolutiu més potent. Cal acompanyar-la d'estratègies solidàries perquè sigui plenament humana.

Ens trobem davant la disjuntiva d'iniciar o aturar unes tècniques que poden modificar el nostre genoma, que poden buscar la clonació de les nostres cèl·lules en laboratoris per obtenir òrgans amb la nostra informació genètica i impossibles de ser rebutjats per la nostra biologia. Quan escrivim aquestes ratlles acaba de ser trasplantat el primer cor artificial a una persona. Aquest extraordinari avenç que permet una independència respecte als donants es pot millorar i perfeccionar amb la introducció de les tècniques de l'enginyeria genètica.

La persona que té aquest cor artificial, igual que el pacient al qual el famós Dr. Barnard va trasplantar el primer cor en la història de la medicina fa més de trenta anys, sobreviu més enllà del que la selecció natural li hauria permès.

L'ecologia és cruel: quan un organisme pateix una falla tan important com l'aturada del motor corporal, indefectiblement li ha arribat l'hora final. L'individu de l'espècie *Homo heidelbergensis* conservat a la Sima de los Huesos i que presenta un procés infecciós fort al maxil·lar va morir a causa d'una malura que en l'actualitat se superaria amb l'aplicació de tècniques mèdiques.

La tècnica ens permet avançar-nos i preveure la malura, a través dels indicis que apareixen en fases inicials, conegudes experimentalment i científicament. A continuació, l'aplicació de les tècniques adequades obre la porta a la curació i a la supervivència. La selecció natural queda aturada aquí.

Un altre cas clar en què la tècnica mèdica permet un major creixement i èxit evolutiu de l'espècie humana és en les aplicacions de l'obstetrícia, especialment en la cesària. En les excavacions de cementiris medievals i moderns apareixen molts casos de dones embarassades mortes en el part per diferents problemes, entre els quals hi ha les dimensions de la pelvis: és l'actuació de la selecció natural.

Fins que no es van millorar les condicions sanitàries i es va universalitzar la medicina, el nombre de dones i infants morts en el part era nombrós. La selecció natural ens ha fet bípedes amb una gran encefalització, dues adaptacions contradictòries en un punt: el naixement, el pas d'un fetus de gran cervell a través d'una pelvis reduïda a causa del bipedisme. Gràcies a la tècnica, les dones de pelvis extraordinàriament estreta sobreviuen igual que les que tenen la pelvis lleugerament més gran.

La variabilitat genètica que comporta deficiències en alguns individus es pot superar amb el que hem anomenat *selecció tècnica*: la variació que la selecció natural tendeix a eliminar, la selecció tècnica fa que no sigui un problema. La seva aplicació, a més de salvar la mare, fa viable el que d'una manera natural no ho seria. La variant anatòmica de pelvis estreta es mantindrà i s'estendrà mercès a la selecció tècnica.

Hem de reconèixer la importància d'aquesta estratègia per a la supervivència de l'espècie i del gènere. Si fem un repàs històric també veurem, però, que totes les aplicacions mèdiques s'han desenvolupat per oferir un benestar a determinades classes socials. Es tracta en el futur d'estendre els beneficis a tota la humanitat.

Vegem un exemple del que passa ara: la pesta del segle XX, la sida, s'està estenent d'una manera imparable per tot el continent africà. Davant d'una catàstofre com aquesta, que afecta centenars de milers d'africans, ¿quina és la política que segueixen les grans companyies químiques i farmacèutiques? És decebedor comprovar la hipocresia amb què actuen. Afirmen que els seus experiments a l'Àfrica amb nous medicaments que aconsegueixin eradicar la sida tenen un objectiu totalment altruista, malgrat que la realitat és ben diferent. Experimenten amb la població africana perquè els controls sanitaris en aquells països són notablement més laxos. Si aquest pretès altruisme fos autèntic, ¿no seria més lògic que comencessin per cedir les patents dels productes retrovirals que ja han demostrat ser eficaços entre els malalts dels països industrialitzats? Com que es neguen a fer-ho, milers de malalts de països que no es poden pagar medicines tan cares moren cada dia sense atenció mèdica i l'epidèmia segueix estenent-se sense aturador a un ritme esgarrifós. Una societat com l'europea, que ha creat els conceptes de solidaritat i de drets humans, no és capaç d'actuar en conseqüència i sacrificar els guanys econòmics a fi de solucionar un problema sanitari de primer ordre.

Si seguim l'anàlisi històrica veurem que la socialització encara té més avantatges. Les tècniques d'agricultura industrial en el món occidental estan solucionant els problemes de crisis alimentàries que s'han produït cíclicament en el passat. També ens fan més potents, capaços i eficients evolutivament enfront de les poblacions del tercer món. Es tracta d'un procés de selecció tècnica. Ateses les condicions actuals de benestar és possible dedicar un esforç important a l'extensió d'aquestes tècniques arreu, a la seva socialització.

En el futur, la farmaderia ens permetrà de tenir fàrmacs disponibles en gran massa i amb una efectivitat màxima. Es tracta d'una tècnica que també ens proporcionarà aliments vegetals resistents a les plagues i amb una productivitat molt més forta. Aleshores serà el moment de demostrar la humanització del planeta trencant els sistemes desiguals i fomentant la socialització dels sistemes, eliminant el temps d'espera entre el descobriment i la socialització que ha caracteritzat el comportament homínid en el passat. El foc va tardar dos-cents mil anys a ser socialitzat; l'agricultura, uns quants mil·lennis; la ceràmica, quinze mil anys. Així podríem recordar tots els processos de socialització de què hem parlat i de tots els que no hem comentat. L'extensió de la farmaderia i de l'agricultura genètica pot ser, en canvi, immediata.

La selecció tècnica és humana, però s'aplica d'una manera poc humana per aprofundir les relacions jeràrquiques. Quan la fecundació *in vitro* té un preu excessivament elevat de manera que no hi arriben totes les persones que la voldrien, aleshores es tracta d'una estratègia de selecció tècnica, que permet de reproduir-se només a una part de la població, en funció de la capacitat econòmica. Si, en canvi, es veu com una forma normal i acceptada de concepció a la qual té dret tot aquell que no pot reproduir-se d'una manera natural, aleshores entrarem en una socialització. Però encara no hi hem arribat.

La modificació genètica serà possible en un futur pròxim. La qüestió consisteix a resoldre si s'aplicarà per a l'eugenèsia, per donar sortida als interessos de classes dominants, antropocèntriques i racistes que volen mantenir un determinat *pool* genètic. L'alternativa és usar-la, d'una banda, en la producció d'òrgans i orgànuls que puguin eliminar el risc de refús biològic dels nous òrgans i, de l'altra, en la modificació de la càrrega genètica a fi de superar malalties i malformacions d'origen gènic.

La distància entre l'eugenèsia en famílies restringides i l'ús social i extens de l'enginyeria genètica en la farmacologia i en la cirurgia de reposició d'òrgans correspon a la diferència entre un sistema basat en la selecció tècnica primitiva o l'ús social de les capacitats tècniques que condueix cap a una universalització dels guanys tècnics.

Ara per ara, històricament s'ha donat la selecció natural en tota la biosfera des de l'inici de la vida a la Terra. Des que es van crear sistemes tècnics diferenciats i desiguals existeix la selecció tècnica, que afavoreix unes poblacions humanes enfront d'altres. Per desmuntar aquestes estratègies s'ha de posar en marxa una altra forma adaptativa típicament humana: la solidaritat, que ha d'estendre l'avenç tècnic a tota la població.

La socialització no ha d'eliminar la selecció tècnica, sinó que l'ha de matisar i fer-la actuar en benefici de tota la humanitat. L'activitat humana crea selecció tècnica com a forma de limitar —i en el futur eliminar— la selecció natural. Si s'universalitza la tècnica, el guany evolutiu afectarà tota la humanitat. El futur de la humanització depèn de l'ús correcte de la tècnica per a la solució de problemes universals i no pas particulars.

4. Planeta humà

La introducció de la tecnologia a la Terra no és una qüestió que afecti les innombrables espècies terrestres. És un esdeveniment axial en la Història del planeta. La creació més grandiosa de l'evolució —la intel·ligència humana— proporciona els mitjans per a la pròxima fase de l'evolució que és la tecnologia.

RAY KURZWEIL, *L'era de les màquines espirituals*

Hem parlat de les adquisicions biològiques i tècniques que ens fan humans; hem pogut apreciar com el nostre comportament cultural és encara un comportament etològic animal poc avançat; ens hem adonat del llarg camí que encara cal recórrer per arribar a una humanitat plena. Segur que ara és el moment de preguntar-nos què vol dir ser humans.

La humanització és el procés que es genera per la interposició d'instruments entre els humans i l'entorn, d'una banda, i la redistribució solidària dels guanys i els mecanismes per a la seva obtenció, de l'altra. ¿Per què? En primer lloc, perquè som els únics que utilitzem mitjans materials per a l'obtenció d'aliments i seguretat en l'entorn. En segon lloc, perquè la redistribució solidària trenca l'etologia arcaica i atàvica de distribuir exclusivament seguint una jerarquia, una relació de comunitat o de família. Si podem trencar el marc redistributiu de l'estament, el país i la família, generarem un procés d'humanització per integració de tota la humanitat en un ordre horitzontal i continu. Les que assenyalem són formes típicament humanes i les contràries impliquen una regressió o, en el millor dels casos, un manteniment d'estructures prehumanes. Seria el cas si es busca l'eliminació o limitació de la tecnologia. Ens cal desenvolupar aquestes idees amb més deteniment.

Com ja vam explicar a *Planeta humà*, la humanització és un procés i, per tant, no s'acabarà mai. En cas que arribem a ser humans, el següent pas serà el desenvolupament d'unes característiques que no sabrem si són les pròpies dels humans o d'una altra espècie nova. Ens passarà el mateix que quan parlem dels homínids que visqueren fa més de dos milions d'anys i que es trobaven en ple procés d'hominització i d'humanització: discutim si són o no humans.

És per això que hem cregut necessari definir què vol dir ser humà. Si realment la tècnica és el fenomen que ens va començar a humanitzar ara fa dos milions i mig d'anys, és evident que serà quan ens relacionem totalment entre nosaltres i amb l'entorn amb aquest tipus de mecanismes quan aconseguirem una adaptació absoluta. I serà aleshores quan esdevindrem humans; quan mitjançant la tècnica socialitzada puguem transformar el nostre propi cos i la nostra activitat cerebral complementant-la o ampliant-la. Sense cap mena de dubte, aleshores, serem més humans.

Quan arribi l'hora en què puguem reproduir-nos d'una manera extrasomàtica o extracorporal gràcies a la construcció d'úters artificials, òbviament, incrementarem la nostra independència de la naturalesa i, com a conseqüència, gaudirem de més llibertat. La desaparició del dimorfisme social serà una de les característiques de la civilització plenament humana d'aquest futur llunyà però més pròxim del que ens pensem.

Nosaltres considerem que el concepte que ens cal desenvolupar és el de la transformació de les relacions socials de primat en relacions tècniques socials. Es tractaria, doncs, de desfer-nos dels hàbits de la primitiva humanització, dels temors, mites i ritus per emergir com a éssers amb consciència social tècnica. Fer arribar els mitjans tècnics a tothom seria el pas primordial i determinant en el procés. A continuació, l'emergència d'una ètica materialista per a la societat tècnica i de la transformació reblaria el canvi. Heràclit i Darwin crearen teories sobre el canvi però, passats els segles i mil·lennis, encara no l'entenem d'una manera completa.

Som conscients que aquest plantejament podria arribar a semblar només un repertori d'intencions buides d'escalfor social. No és així. Cal tenir en compte que no ens podem humanitzar sense continuar desenvolupant la nostra complexitat específica, i no podem desenvolupar més complexitat si no som capaços de situar la tècnica al centre de les nostres relacions més essencials.

Augmentar la nostra capacitat de transformació es fa difícil sense la planetarització. Un sistema així es basa tant en la distribució de recursos com en la creació d'un àmbit igualitari. És inimaginable que sense incorporar tota l'energia biocultural del planeta puguem fer-nos humans; la integració de la diversitat cultural és bàsica.

En aquest marc, incorporar l'activitat de la dona al màxim nivell és fonamental. A Occident el procés ja ha començat en el segle XX, però encara s'ha de progressar més ràpidament. En el futur les dones, alliberades de la procreació intrauterina, no patiran l'estrès de la reproducció i com a conseqüència podran continuar el seu procés social i d'aprenentatge tal com ho fan els mascles. En no haver de parir d'una manera directa, el seu paper en la reproducció serà equiparable al dels mascles, que no han participat en el procés de gestació sinó només en el de concepció. Com a conseqüència, el repartiment de les feines de criar i educar els fills, que ara com ara recauen d'una manera pràcticament exclusiva en la dona, podrà ser també equilibrat.

Totes aquestes emergències degudes a l'aplicació de la tècnica aniran variant estructuralment la forma de relacionar-nos. En un moment determinat es produirà la darrera de les socialitzacions, la humanització; haurem creat mecanismes propis d'adaptació i desenvoluparem estratègies cada vegada més independents de la selecció natural; la selecció tècnica serà al darrere de tots els processos.

És possible que durant els pròxims mil·lennis, quan no tan sols siguem terrícoles sinó també marcians i vivim en altres planetes i galàxies, parlem dels homínids humans com a espècies diferents i antecessores de la mateixa manera que ara ho fem nosaltres respecte als australopitecs, als parantrops i fins i tot als primers *Homo*.

La selecció tècnica haurà facilitat el que en el segle XXI encara sembla ciència-ficció: la implantació de sistemes permanents d'informació al cervell, els *ciborgs* ben desenvolupats, els ordinadors moleculars... Les paraules d'Adam V. Reed, de la Universitat Rockefeller, en un col·loqui de l'American Association for the Advancement of Science sobre la possibilitat d'implantar ordinadors al cervell per tenir informació *on line*, seran ja coses del passat.

El procés de la biotecnologia pot arribar a punts inimaginables. Podem pensar que la manipulació genètica ens podrà adaptar a viure en ambients sense atmosfera. Els astronautes actuals han d'adaptar-se tècnicament a les condicions espacials: amb vestits especials, amb sistemes de respiració... Hom va fer el mateix amb l'ús del vestit en latituds extremes de la Terra; però hem seguit, paral·lelament, processos d'adaptació biològica dirigits per la selecció natural i que han afectat la coloració de la pell i dels ulls i que han comportat una resistència diferenciada a les condicions climàtiques. En el futur, l'enginyeria genètica es podrà aplicar per a l'adaptació de la gent que hagi de viure a l'espai modificant-los per suportar les condicions especials de manca d'atmosfera.

Seguim aquí el discurs que hem començat més amunt. Aquests éssers nous i els *ciborgs* de què hem parlat no seran estrictament humans. Tampoc no ho seran els éssers concebuts i gestats en úters artificials fora de tot clos matern. La reproducció extrasomàtica, una fita genuïnament i estrictament humana, inaugurarà, amb les altres adaptacions que proposem, una nova era en la biosfera. Arribat el cas, ni ells acceptaran una identitat compartida amb nosaltres, ni amb la perspectiva que podem prendre actualment, nosaltres tampoc no els podem classificar estrictament com a humans. Ni tan sols els podem incloure en la biosfera, que es regeix per la selecció natural.

De la nova dimensió de la vida també en formaran part els nous vegetals creats per enginyeria genètica i totes les formes que els humans generem per fer-les més eficaces en el nou entorn creat. No hem de caure de nou en l'antropocentrisme estricte. No hauran aparegut per selecció natural sinó per selecció tècnica i aquesta forma d'especiació, de creació d'espècies, és prou nova perquè ens faci tractar aquests éssers com una nova espècie i, fins i tot, com un altre gènere. En definitiva, en el moment en què s'aconsegueixi la humanització «completa» s'iniciarà una altra realitat.

Ésser humà serà un esglaó més en l'evolució biològica i, en més d'un cas, es produirà fora del planeta on fins ara hem crescut tots. Els humans haurem resolt l'enigma de la nostra consciència quan siguem capaços de socialitzar la tècnica i de dedicar totes les nostres energies al coneixement i a la resocialització. És un fet que fins ara no ha estat possible perquè *encara no som humans*. Hauran de passar milers d'anys, però hi esdevindrem, no en tenim cap dubte.

És lògic pensar que després començarà la deshumanització per la pèrdua específica de les qualitats que ens hauran fet humans. És obvi que la sublimació dels processos tècnics serà al fonament d'aquest canvi. Som conscients, però, que tot això ara per ara és ciència-ficció, però al capdavall la ficció és una de les qualitats que els homínids hem desenvolupat en fer-nos humans.

Serà molt diferent parlar d'un planeta amb humans que d'un planeta humanitzat, un cop alliberats de les pors atàviques del canvi, un cop socialitzada la tecnologia i un cop emancipats de les tuteles, sigui de les religions clàssiques o de la nova religió que defensa la inalterabilitat de l'ecologia.

Hauran de canviar moltes coses, tanmateix, en aquest planeta abans no puguem parlar estrictament d'unes estratègies plenament humanes. L'extensió de la tècnica no és l'únic objectiu. El procés de globalització que s'està iniciant i del qual tanta gent se sent orgullosa ha de canviar dràsticament de sentit. La tal globalització consisteix a continuar els processos de colonització ja iniciats des de l'antiguitat i que en segles recents han tingut tant d'èxit. L'última expressió és la creació d'espais amb una fiscalitat especial al tercer món per atraure empreses del primer món. Aquestes empreses no tenen cap intenció de transformar el país en què s'instal·len, sinó només de superar els esculls de la conflictivitat laboral i els sous massa alts dels països d'origen. És a dir, responen únicament i exclusivament als seus interessos i als de les classes dominants dels països d'acollida que d'aquesta manera també solucionen transitòriament alguns problemes socials. Aquest és l'únic guany que en treuen, ja que les inversions són mínimes.

El que acabem d'esmentar tan succintament és el principi de la globalització: l'exportació colonial dels criteris ultraliberals i la cultura occidental a tot el planeta. La veritable humanització no s'aconsegueix per la globalització i el pensament únic sinó per la integració de la diversitat cultural, per la creació d'una cultura i un criteri mundials que sorgeixin de la fusió, de la interfecunditat de les cultures. Això tan difícil és el que ha de ser la humanització del planeta.

De moment s'expandeixen les actuacions més clàssiques

de domini i de repressió. L'eliminació dels drets de circulació per evitar manifestacions contra les cimeres del G-8 només és l'esglaó més recent, però no l'últim. Si això passa en països autoconsiderats democràtics, ¿què podem esperar dels que es basen declaradament en la tirania?

Tampoc no és coherent amb una perspectiva d'humanització, de transparència i de progressisme que la cimera de Rio sobre el canvi climàtic fos finançada amb diners de grans empreses tecnològiques implicades en l'explotació de fonts d'energia. Evidentment, això fa inviable qualsevol acord que busqui un equilibri ecològic i la reducció de l'efecte hivernacle. En realitat, es tracta de pantomimes pagades per les empreses que així es renten la cara i s'asseguren resultats favorables. ¿Què en podem dir, també, dels eximents fiscals a empreses d'explotació de fonts d'energies fòssils? Doncs, senzillament, que són directives que no permeten de canviar realment d'estratègia ni a curt ni a mig termini.